新时期

国有企业督查体系管理研究

主　编　吴山保

副主编　雷永超

郑州大学出版社

图书在版编目(CIP)数据

新时期国有企业督查体系管理研究／吴山保主编. — 郑州：郑州大学出版社，2022.8(2024.6重印)
ISBN 978-7-5645-8767-3

Ⅰ. ①新… Ⅱ. ①吴… Ⅲ. ①国有企业 - 企业管理制度 - 研究 - 中国 Ⅳ. ①F279.241

中国版本图书馆 CIP 数据核字(2022)第 096266 号

新时期国有企业督查体系管理研究
XINSHIQI GUOYOU QIYE DUCHA TIXI GUANLI YANJIU

策划编辑	郜 毅	封面设计	胡晓晨
责任编辑	孙 泓	版式设计	苏永生
责任校对	马云飞	责任监制	李瑞卿

出版发行	郑州大学出版社	地 址	郑州市大学路40号(450052)
出 版 人	孙保营	网 址	http://www.zzup.cn
经 销	全国新华书店	发行电话	0371-66966070
印 刷	廊坊市印艺阁数字科技有限公司		
开 本	710 mm×1 010 mm 1／16		
印 张	10.5	字 数	157 千字
版 次	2022 年 8 月第 1 版	印 次	2024 年 6 月第 2 次印刷
书 号	ISBN 978-7-5645-8767-3	定 价	68.00 元

本书如有印装质量问题，请与本社联系调换。

作者简介

主编介绍

吴山保,硕士研究生,高级政工师,先后毕业于华中科技大学行政管理专业、中共中央党校政治学理论专业。现任职于世界500强企业河南能源化工集团有限公司。曾任河南省新乡市获嘉县县长、县委副书记。长期从事国有企业思想政治工作研究和督查体系建设,具有扎实的党建思想政治理论基础,主持完成国家和省部级项目6项,在《党建研究》等党建核心期刊发表论文15篇,多次获得煤炭企业管理现代化创新成果一等奖、煤炭经济研究优秀论文一等奖,是煤炭行业党建思想政治工作专家委员会委员。

副主编介绍

雷永超,高级政工师,北京师范大学管理哲学专业、中国矿业大学采矿工程专业博士研究生学历,中国煤炭协会"煤炭行业高级经理人"。现任职于世界500强企业河南能源化工集团有限公司。受聘新疆工程大学客座教授、采矿学院名誉院长。长期从事国有企业行政管理工作,具备丰富的能源行业管理经验,理论政策功底深厚,在中国核心期刊发表管理类论文12篇,享有多项实用新型专利。

前言

随着经济与贸易全球化的快速发展,世界政治与经济格局将会发生重大改变,中国面临重要发展机遇期,但贸易保护主义、贸易壁垒等不确定性因素与风险也会长期存在。面对百年未有之大变局以及新冠疫情防控的常态化,中共中央、国务院深刻把握全球发展大势,统筹国内国际两个大局,提出实施构建以国内大循环为主体、国内国际双循环相互促进的新发展格局。这是党中央对"十四五"和未来更长时期我国经济发展战略、路径做出的重大调整完善,是着眼于我国长远发展和长治久安做出的重大战略部署。经济新常态下国有企业的督查体系管理研究正是在此重大历史背景下引起企业界和理论界的关注。在新时期现代国有企业如何有效地提升督查监管效率,提高企业发展质量和核心竞争力,这对推动我国经济高质量发展和构建"双循环"新发展格局具有重要的理论和现实意义。

在构建"双循环"新发展格局的背景下,现代国有企业督查体系的构建与完善,是国资监管职能转变的必然要求和国资授权经营体制改革的重要一环,对全面深化国有企业事业改革起着重要作用。鉴于此,首先本书系统梳理了企业督查监管体系的国内外发展现状,分析了新常态下国有企业督查工作的重要的理论和现实意义。基于"13710"督查工作机制,本书系统阐述了现代企业督查和绩效考核的基本原理,为现代国有企业督查体系的构建和优化奠定了理论基础。其次,考虑现代企业督查制度存在的问题,本文

1

构建了全面的"13710"督查制度体系,从首问首办责任制度、完善督查立项报批制度、情况通报制度、限期报告制度、领导批示件办理制度、绩效考核督查制度、后评价和结果运用制度、责任追究制度、总结表彰制度等方面展开分析研究。再次,根据现有督查责任划分和流程,构建了动态督查责任体系,分析了督查追责情形,优化了督查责任流程图,强化了督查结果的分析与应用,并优化完善闭环合理的"13710"督查流程,从明确职责、完善制度、严格考核、平台应用等10个方面展开优化。最后,基于企业督查制度发展现状及问题,从督查工作制度、督查工作绩效和督查工作人员职业素养等方面提出了提升督查工作执行效能的路径和对策,为政府和企业督查决策提供了理论参考和智力支持。

在该书编写过程中,河南能源化工集团有限公司刘挺编写了第三章、闻怡涛编写了第四章、丁一编写了第五章,这里一并致谢。由于作者水平有限,书中难免有不足和疏漏之处,恳请各位专家、同行和读者的批评指正。

第一章　绪论 ……………………………………………………… 1

第二章　相关基本理论概述 …………………………………… 17

　　第一节　督查督办的概念 ………………………………… 17

　　第二节　督查督办的类型及模式 ………………………… 19

　　第三节　督查与绩效考核的基本原理 …………………… 23

第三章　构建全面的"13710"督查制度体系 ………………… 29

　　第一节　现有问题分析 …………………………………… 29

　　第二节　"13710"督查制度体系构建 …………………… 32

　　第三节　督查制度体系运行 ……………………………… 50

第四章　构建明确的动态的"13710"督查责任体系 ………… 58

　　第一节　督查责任分析 …………………………………… 58

　　第二节　动态的"13710"督查责任体系构建 …………… 65

　　第三节　督查责任体系运行 ……………………………… 74

第五章　优化完善闭环合理的"13710"督查流程 …………… 83

　　第一节　流程基本问题分析 ……………………………… 83

　　第二节　"13710"督查流程重构 ………………………… 90

　　第三节　"13710"督查流程优化 ………………………… 103

第六章 提升"13710"督查工作执行效能的路径 ·············· 112

　　第一节　督查工作突出问题分析 ······························· 113

　　第二节　提升督查工作执行效能的建议措施 ················· 118

参考文献 ··· 130

附录 ··· 138

第一章

绪　论

一、研究背景与意义

(一)宏观背景

国有企业督查体系的构建与完善,是国资监管职能转变的必然要求和国资授权经营体制改革的重要一环,对全面深化国有企业事业改革的成功起着保驾护航作用。放眼全球,当今的国际竞争是科技创新和管理创新的竞争,说到底也是监管的竞争。良好的监管体系既能有效防范化解各种风险,又能充分释放企业的创新活力,助力企业不断提升核心竞争力;而失败的监管则会导致"一管就死、一放就乱"的恶性循环,使企业在不断的试错与纠错中耗费资源、浪费发展机遇。因此,我们要从解放和促进国有企业生产力发展的高度去理解,构建与完善中国特色国有企业督查体系的重要意义,坚持党的领导和以党内督查为主导,创新督查方式,统筹督查主体,凝聚督查合力,形成以"改革促督查、以督查护改革"的良性循环,助力全面深化国有企业改革沿着党中央规划的路线行稳致远,如表1-1所示。

党的十九届四中全会精神和习近平总书记关于加强国有企业党的建设的重要论述精神中指出,坚持党的领导、加强党的建设,是我国国有企业的独特优势。中国特色现代国有企业制度,"特"就特在把党的领导融入公司治理各环节,把企业党组织内嵌到公司治理结构之中,明确和落实党组织在公司法人治理结构中的法定地位,做到组织落实、干部到位、权责分明、督查严格。加强国企党建,国有企业党委担负着重要责任。履行好主体责任,就要坚持从严治党,聚精会神抓研究谋划、抓部署推动、抓督查落实。不论是政府还是国有企业,决策的执行效果主要看落实。督查的宗旨和目的是为了"落实"和"执行"。在企业,尤其是机关部门,执行力的建设主要靠督查督办,从一定意义上讲"没有督查就没有落实"。

表1-1 国务院办公厅关于国企改革的文件

发文时间	发文机关	文件名称	具体内容
2013 年 11 月 12 日	党的十八届三中全会	《中共中央关于全面深化改革若干重大问题的决定》	一、全面深化改革的重大意义和指导思想;二、坚持和完善基本经济制度;三、加快完善现代市场体系;四、加快转变政府职能;五、深化财税体制改革;六、健全城乡发展一体化体制机制;七、构建开放型经济新体制;八、加强社会主义民主政治制度建设;九、推进法治中国建设;十、强化权力运行制约和监督体系;十一、推进文化体制机制创新;十二、推进社会事业改革创新;十三、创新社会治理体制;十四、加快生态文明制度建设;十五、深化国防和军队改革;十六、加强和改善党对全面深化改革的领导

续表1-1

发文时间	发文机关	文件名称	具体内容
2015年8月24日	国务院办公厅	《关于深化国有企业改革的指导意见》	从改革的总体要求到分类推进国有企业改革、完善现代企业制度和国有资产管理体制、发展混合所有制经济、强化督查防止国有资产流失、加强和改进党对国有企业的领导、为国有企业改革创造良好环境条件等方面，全面提出了新时期国有企业改革的目标任务和重大举措
2015年10月25日	国务院办公厅	《关于改革和完善国有资产管理体制的若干意见》	坚持权责明晰、突出重点、放管结合和稳妥有序的原则，推进国有资产监管机构职能转变，改革国有资本授权经营体制，提高国有资本配置和运营效率，协同推进相关配套改革
2016年8月23日	国务院办公厅	《国务院办公厅关于建立国有企业违规经营投资责任追究制度的意见》	坚持社会主义市场经济改革方向，按照完善现代企业制度的要求，以提高国有企业运行质量和经济效益为目标，以强化对权力集中、资金密集、资源富集、资产聚集部门和岗位的督查为重点，严格问责、完善机制，构建权责清晰、约束有效的经营投资责任体系，全面推进依法治企，健全协调运转、有效制衡的法人治理结构，提高国有资本效率、增强国有企业活力、防止国有资产流失，实现国有资本保值增值

续表 1-1

发文时间	发文机关	文件名称	具体内容
2018 年 5 月 25 日	国务院办公厅	《国务院关于改革国有企业工资决定机制的意见》	坚持所有权和经营权相分离,进一步确立国有企业的市场主体地位,发挥企业党委(党组)领导作用,依法落实董事会的工资分配管理权。坚持按劳分配原则,健全国有企业职工工资与经济效益同向联动、能增能减的机制,在经济效益增长和劳动生产率提高的同时实现劳动报酬同步提高。根据企业功能性质定位、行业特点,科学设置联动指标,合理确定考核目标,突出不同考核重点

推动企业重大决策部署的切实执行离不开督查督办工作,一方面,督查督办工作可以预防企业内部关键环节出现问题,规范员工行为、企业规章和业务流程等内容;另一方面,督查督办工作保障了企业的生产安全、资金流通、质量稳定等,适当规避了企业由于多种因素导致的潜在风险。企业为了加强决策的落实,以企业管理为中心展开工作,在问题的检查和处理两方面规范企业管理行为,即督查督办,特别是重要会议决定和重大决策部署的落实情况,即对落实过程中存在的问题进行检查、通报、催办、跟踪反馈、考核评价等,这对企业的发展和稳定运行是极为重要的。

当前,各国有企业积极响应国家号召,为落实国有企业全面从严治党的责任,继续深化国有企业的改革以保证国有资本保值增值,建立健全企业内部督查督办机制,围绕督查的机制、制度、力量、手段和方式等多个方面展开创新性的探索,形成党内督查与公司法人治理结构督查、业务督查、审计督查、民主督查并存的督查体系。与此同时,由于国有企业存在组织冗余的情况,导致无效督查过多、形式大于实质现象明显的情形,有的企业督查流程不完善,使涉事单位间权责不明晰,协调配合度不高,如责任部门不能及时掌握情况、迅速应对,而督查部门无权处置具体问题等。

从目前情况看,国有企业督查督办基础工作还比较薄弱,有待通过创新的方式、科学的手段、合理的机制来构建更为合理的督查督办机制。党的十八大以来,特别是中共中央印发《关于加强新形势下党的督促检查工作的意见》以来,各行业包括国有企业逐步加大了对督查工作的重视力度,逐渐开展此项工作,但仍处于打基础阶段。

对此,河南省委、省政府提出"13710"工作要求。"13710"的5个数字对应着办事效能的时限。"1"即当天要研究部署;"3"即3天内要向市委反馈办理情况;"7"即原则上7天内要落实解决一般性问题;第二个"1"即重大问题包括一些复杂问题要在1个月内落实解决,确实解决不了的,要拿出解决的时间节点和方案;"0"即所有事项都要跟踪到底,消号清零,做到事事有着落,件件有结果。河南省委办公厅、省政府办公厅根据河南省"13710"工作要求,委托省大数据局建设"豫快办"督办平台,对省委、省政府重要工作进行督办落实。

(二)微观背景

国有企业执行效能研究对象是某国有独资特大型能源集团,产业主要涉及能源、高端化工、现代物贸、金融服务、智能制造和合金新材料等产业。现阶段,集团对内实行改革重生工作,深入开展"总部机关化、职级行政化"问题专项治理。重塑总部智能,调整优化总部组织架构,制定授权放权事项清单,打造精简高效总部,激发集团活力。

在人员安排方面,持续开展控员提效工作。各级机关部室定编定岗定员、公开竞聘,优化人力资源结构,采用工资效益联动机制,逐步实现契约化,让员工带着指标上任。按照国企改革三年行动的要求,确保二级单位按照国家要求完成"瘦身减负"工作。成立党建督查组,明确"首问负责制",发挥党建督查作用,找准问题,长期坚持跟踪整改和严肃问责。

在产业优化方面,以安全生产为根本,优化产业结构。健全安全治理体系,安全生产"零"目标责任体系,形成人人有责、各负其责、权责清晰的安全工作局面,持续加强双重预防体系建设和安全生产标准化管理体系。整合销售、采购、贸易、仓储物流四大业务,建设全流程智能化统一的现代物贸产业平台。

在技术使用方面,以创新推动产业转型升级,推动"智慧矿山""智能工厂"和"智慧管理"建设,抢占行业智能化发展桥头堡,力争打造一批行业一流的智能煤矿示范标杆。借助所打造的专业化管理平台,落实人、财、物、产、供、销等管理职能。

在制度改革方面,有效整合贯通企业巡查、审计、财务、法律等各种督查力量,构建"大督查"工作格局,真正实现"管而不死,放而不乱"。全面强化督查管理,压实改革责任,构建多部门共同参与的大督查机制,实行动态监管、跟踪问题整改、确保各项改革举措落地见效,提升执行效能,加强对制度执行的督查,强化对企业关键岗位、重要人员特别是主要负责人的督查,突出"三重一大"决策和重点经营环节的督查。

在督查督办模式上,为扎实有效推动集团公司重大决策部署的全面落实,建立健全抓督查促落实体制机制,切实提高督查工作的质量和水平,制定督查工作管理办法。明确项目工作内容的责任领导、牵头部门、配合部门和责任部门,其中主体单位向责任单位报告进展和遇到的难题,并向督查办报告时间节点,对各事项拿出硬措施、定好路线图、列出任务书、排出时间表。具体来看,主体单位除每周定期在督查督办系统上填报进度外,也需随时将工作进展情况进行汇报,督查办对落实不力,进展缓慢的也会予以通报问责。

集团公司督查工作旨在全面落实中央"一分部署、九分落实"工作要求,促进各级机关转变服务理念,全面打造敢于负责、高效务实的工作作风,为基层减负,为集团公司、国有资本投资公司改革试点全面铺开提供坚强保障。引入"13710"工作要求是为了确保各项重点落实到位,通过专题研究、协调部署、明确责任、按日督查、办结一个销号一个等措施,将重点工作尽心分解,跟进督办和考核,加快工作推进,实现"事事有着落,件件有结果"。

(三)研究意义

深入学习贯彻习近平总书记关于抓落实的重要论述,强化"抓落实的关键是要有解决方案"的工作要求,落实省委、省政府"13710"工作机制,秉承日清日结、事不过夜、案无积卷的工作作风,进一步增强国有企业各部门(单位)服务意识、大局意识、责任意识。坚持以人民为中心的发展理念,以最严的制度执行、最严的措施方式、最严的奖惩兑现,全力以赴抓好当前的安全生产等各项重点工作,为国有企业改革重生、转型发展提供坚实保障。

(1)研究建立精准督查工作机制。紧扣国有企业内部党委重大部署、年度重点工作、深化改革的重要决策,提高督查的目标和起点,实施精准督查。在为基层减负的同时,持续抓国有企业改革发展的大事、要事,发挥"以点带面"作用。

(2)研究建立过程督查工作机制。强化过程督查,确保最终效果的落实。以常态化督查为主、集中督查为辅,深入一线式督查、调研式督查、蹲点式督查,"带案下访"式督查,达到"以过程促结果"的目的。

(3)完善建立"互联网+"形式的全面台账管理机制。进一步建立和完善"13710"督查系统,全面规范督查事项立项交办、催办查办、督查反馈等环节,实现督查过程透明化、全方位动态管理,全面提高督查效能。

二、国内外研究现状

(一)效能督查

效能督查就是企业为了保证内部经营活动的有效开展而进行一系列督

查督办的工作,即以较小的行政资源投入来实现最佳的工作目标。具体来说,效能督查是企业督查督办单位或部门依据相关法律法规和企业规章制度,以对督查督办对象的责任履行情况开展常态化督查为内容,以提高企业效能为目的的综合性督查和考察(黄建广,2020)。企业效能可以从能力、效率、效果、效益四个维度来衡量(贾志雷、程明俊,2021),能力指的是企业行政管理单位或部门的管理能力高低;效率指的是督查督办工作中投入成本和工作成果的比率;效果指的是通过效能督查所产生的实际成果,包括有形成果和无形成果;效益指的是通过效能督查所产生的直接经济利益、社会利益等。

当前,我国国有企业的效能督查工作积极开展,但也存在一些问题,如现行的各类督查督办制度在落实中存在的诸多问题。督查督办制度想要得到较为理想的落实效果,就需要解决以下几个问题。第一,内容表述方面。企业出于长期发展的考虑,大多制定了与当前企业发展状况相符的督查督办制度,并提出相应的硬性指标,但在内容表达形式上,针对性和可操作性不高,落实程度难以把控。第二,评价体系方面。企业会定期将督查督办制度的各硬性指标纳入考核,但缺乏完整的评价体系,无法规范化地落实,且对问题事项的追责存在不够及时和力度不大的现象。第三,权责划分方面。督查督办制度的制定者通常为管理层,督查工作使之提高了对记录检查环节的重视,但达不到有效督查的结果,如督查督办工作组在多部门的相关工作多为自我督查与检查,究竟部门是否存在问题,还是由管理层决定,即形式主义现象明显。

国有企业设置合理的督查督办体系,可以实现对企业各项事物的督查和督办,督促决策层更为谨慎可行地提出企业目标决议、管理层更为明确细致地制订目标分解方案、执行层更为快速高效地履行方案具体任务,进而规范企业管理和提高企业效能督查水平。王利军(2020)从行政管理角度出发,认为企业效能督查工作应满足对国家法律法规和企业规章制度的执行情况、生产经营和管理工作中的违规违纪情况的监管和督查,同时分析影响企业提升效能的各项因素,并提出具体的解决措施或建议。林立(2020)从实践经验出发,认为效能督查可以通过标准化的内部管理,促进纪检督查范围的扩大,对制度、人员、流程和生产等各方面都起着督查作用,以便及时发现问题并采取有效措施;另外,效能督查的落实有利于发现原有制度的缺陷,明确关键环节可能出现的问题,推进企业反腐工作,促进资产保值增值。段雅萍(2019)从新形势出发,认为效能督查由于对象广泛、机制灵活,其对于企业风险防控、管理规范、降低成本和建设党风等方面具有重要作用,通过对企业系统性的检查,找到管理中存在的失职、渎职等问题,保护企业资产。许敏盟(2019)从廉政建设角度出发,认为效能督查可以改善企业内外部环境,借助行政、技术、经济等手段,对人、财、物管理中的薄弱环节加以把控,维护企业的各项权益,提升整体管理水平。张建平(2021)从企业高质量发展的角度出发,认为提高国有企业的全要素生产率离不开效能督查,且对比外部巡视督查,内部巡视督查对国有企业高质量发展的促进效果更为显著。

就我国国有企业而言,在制定相关效能督查制度体系时,首先应因地制宜,基于企业的规模和运行特点,明确各项工作开展的核心。国企内各督查单位或部门应该密切关注企业的各项规章制度决议从制定到落实的全过程,不过度干预管理工作,而是把控其中的风险,评价其工作效能,给出合理化整改建议(李洋等,2021)。如我国石化系统,于1991年响应中国石油天然气集团的号召,对相关企业进行了第一次效能督查活动,并在1992—1995年,建设物资采购管理效能督查和以外部投资为主的资金管理效能督查两大体系(汪阳,2021),随后,通过专项督查等制度进行企业效能督查的实质性探索,近年来,通过开展效能督查,企业不断优化管理,发挥出国有企业的独特优势。我国高校教育系统中的行政效能建设考虑引入负面清单管理模式(刘小权、周峰,2019),构建更为科学高效的教育行政管理大数据平台,全面推行并落实高校教育行政问责制度,做好高校行政效能督查治理工作。陕西某矿产公司在安全生产经营党建工作中提出了效能督查"5+"模式,创新性地围绕"责任、标准、检查、考核、兑现"这五个要素,就"制度、督查、项目、特色、成果"这五个层面(陈平,2020),实现效能督查工作模式的新升级。内蒙古某能源公司在机组等级检修工作中落实了效能督查工作,抽调相关部门人员成立专项督查小组、出台企业效能督查操作手册,并制订详细效能督查方案,明确责任范围,并由企业纪检部门实施全过程督查,在实践中不断修正方案,增强了企业管理能力(徐德胜,2020)。

(二)绩效考核

绩效考核指的是考核主体依据工作目标或绩效标准,采用科学的考核方式,评价部门或员工的工作完成情况、职责履行程度等内容。从技术角度讲,是开发一种可以精确地测量个人绩效的工具,以便确认一个人的优势和劣势。通常以关键绩效指标作为考核依据,即 KPI,是通过设置、计算、分析一个组织内部流程在输入和输出时的关键参数,来衡量流程绩效的一种将目标进行量化管理的工具。KPI 的理论基础是意大利经济学家帕累托提出的"二八原理",即每个部门或员工的八成工作任务是借由两成关键行为实现的。

企业加强对绩效考核制度的管理,有利于其工作流程的规范化、合理化,也有利于促进企业改进管理方式、加强经济发展水平(杨柳,2021)。对我国国有企业而言,绩效考核管理是内部管理的重中之重,也是高效完成企业目标的必要策略(王琼,2021)。但是,我国部分国有企业的绩效考核制度存在诸多问题,使考核的作用难以发挥,具体包括以下几个方面。第一,认识层面。受传统计划经济管理模式的影响,很多国企的管理层以及员工没有意识到精细化管理的重要性,较为缺乏对精细化管理理念内涵的客观认识,如部分国企管理层在绩效考核方面存在一定的主观性。第二,机制层面。一些国有企业存在绩效管理机制不够健全的问题,没有充分考虑企业自身生产运营情况而简单照搬优秀企业的考核机制,在绩效考核评价指标体系中纳入一些非量化或不具备客观性的量化指标。同时,对员工的反馈没有制定合理的渠道加以采纳,使考核机制难以发挥实效。第三,技术层面。由于绩效考核需要处理和分析大量的绩效信息,对绩效考核管理的信息化程度要求较高,但当前我国很多国有企业仍依赖传统的人工管理模式,绩效数据搜集和处理的信息化水平不高,相关信息系统或平台的建设水平较低,难以实现精细化管理的优势。

国有企业希望通过绩效考核向员工反馈或提出建设性批评意见,实现诸如薪水增长和晋升之类组织奖励的公平分配,激励员工。并增加与员工沟通的渠道,向管理层反馈工作分析、甄选和晋升标准是否合理以及评估体系是否存在缺陷等。魏颜芳(2021)认为绩效考核在国企人才建设中具有举足轻重的作用,一方面可以激励人才,另一方面可以最大限度地提升企业人才的工作积极性,从而提高国有企业的工作效率。姚琳(2021)认为绩效管理对国有企业内部人事管理制度具有重要推动作用,有利于人事管理改革同企业治理现代化和高质量发展相匹配。顾学良(2021)认为正向激励的绩效考核可以帮助国有企业充分发挥资源优势、提升综合实力,有利于其实现战略目标、高效融合其管理与业务。张建国(2021)认为绩效薪酬管理是维持国有企业内部稳定运转的有力手段,通过良好的内部绩效薪酬管理工作,提升企业的综合竞争力,进而推动国有企业的稳步发展。

随着我国不断推进市场经济体制改革,市场竞争变得越来越激烈,国有企业为了更快更好地适应这种市场环境,开始更加重视企业效能,纷纷采取多种绩效考核机制来提高企业效能。诸多学者也对国有企业绩效考核机制的设计提供了学术角度的思考路径,如黄玉峰(2021)制定了以工作业绩、工作态度、工作能力这三个内容为主的国有企业的绩效考核指标体系,各指标的权重可通过问卷调查获得,进而准确反映各项指标对企业的影响程度,符合企业发展实际需要。肖海兵(2021)基于胜任力模型,将国有企业的发展战略目标进行分解,把责任落实到具体的员工身上,由此制定员工的职业生涯规划,使员工主动把个人职业发展与国企改革发展相结合,自上而下进行响应的绩效考核管理,深化国企改革。任东峰(2021)按照分类考核的基本框架,将国有企业承担业务性质的不同,设计分阶段、分业务类型的针对性考核,同时,承担重大专项任务的国有企业,可以按照经济增加值、国有资本保值增值率、重大专项任务完成情况等二级指标来细化绩效考核内容。肖土盛(2021)等选取了 2012 年—2019 年 976 家国有上市企业中 7129 个样本,将企业绩效考核机制应用于国企改革试点效果的评估中,通过机制检验发现国有资本运营公司是通过放权、督查和激励机制来改善企业绩效的。陈和秋(2021)总结了宁波市鄞州区科学设计国企资产监管制度的会议内容,其中张盛国将国企资产管理按"安全性、效益性、效率性和管理规范性"四个指标评价,将行政部门按"资产效率性、资产管理基础工作、资产管理日常管理"这三个指标,完善国有资产保值增值监管体系。

(三)督查制度体系

企业督查问题是在企业治理理论框架内展开的,企业治理指的是通过一套包括正式或非正式、内部或外部的机制来协调企业和利益相关者之间的利益关系,保障企业科学决策,进而维护企业综合利益的一种制度安排。现代经济的发展对企业治理理论创新提出了新的要求,构建完善的公司治理体系可以推动国家治理体系和治理能力的现代化,诸多学者对其展开了探讨,特别是督查制度方面。

各国有企业普遍意识到新形势下督查督办工作的重要性和必要性,加大各项督查制度的保障力度,确保企业各项决议落到实处。如浙江省某电力公司为推进工作体系,构建了督查、考核、巡察"三位一体"的协作制(吕悦,2021),优化和修订现行督查督办工作办法,发挥企业人力资源部和纪委办公室的优势,对督查督办对象进行巡察和考核,采取扣分、问责等措施促进落实。某银行根据工作需要,对企业督查督办工作设立专人专岗,并在各部门间设立工作联络员,建立健全党委领导、党办牵头、部门负责、各方协助的督查督办工作组织体系(陈曦,2021),推动各项工作切实落实。福建省某研究院创新使用办公室督查台账管理模式,建立督查督办清单,对于重点项目,采取"一事一项,编号登机,建档立案"的督查制度(林海,2021),明确督办的具体内容、责任对象、任务指标、时间节点等,强化了决策的执行。上海某工业企业要求管理层对年度目标进行科学分析后,提出具体的拟办事项,完善企业督查督办工作机制,明确督办的工作方向、流程、方法和考核机制,并将工作的落实情况以《督查简报》的形式上报管理层,同时建立限时结办制度(陈佳杰、万玉,2020)。

(四)督查责任体系

下级在履行其职责时势必要具备一定的权利,上级在授予下级一定权利的同时,也必须使下级承担相应的责任。权利与责任是密不可分的,有责无权不能有效地开展工作,而有权无责易导致权利滥用。责大于权,不利于激发下级的工作热情,即便处理职责范围内的问题,也需层层请示,势必影响工作效率,反之,权大于责,会增加管理层对下级的控制难度。企业想要平衡好权利和责任,就需要构建合理的责任体系。

现阶段,国有企业坚持问题导向、统筹协调和严格时限的原则,明确立项主体、落实主体、督办主体和协调主体,积极开展问效问责工作,定期对督查督办事项进行梳理汇总,定期通报,并对重点工作项目进行分级评价,将工作的办理情况和评价结果作为重点工程年度目标考核的重要内容。对督办工作落实有力、办理及时、经年度考核评定为优秀等次的部门或单位,按规定给予奖励,同时,对落实措施不得力、组织不到位、责任不衔接、作风不扎实,以及弄虚作假、效能低下、失职渎职等行政不作为、慢作为、乱作为的责任单位和责任人,按照相关规定,严肃追责问责。

铜陵某矿产公司将"三位一体"作为督查工作的根本性原则,在年初明确采用分解立项的方式量化与细化工作任务,坚持对重大事项的决议划分责任,明确牵头单位、主管单位、责任单位(段青,2020),同时在整个绩效考核中纳入专项督查与决策督查办理结果。国网某分公司建立了以领导分工负责、部门贯彻执行、行政归口管理、人事考核问责为主要内容的责任体系(王俊等,2017),逐级压紧压实责任,及时分解下达督办任务,加强过程管控,约谈落实不力的部门或单位,督促工作落实。山西某建造公司在现有督查制度的基础上,结合执行过程中的实际问题,定期进行针对性的强化与调整,并对执行责任进一步细化,纪检督查部门要对企业运营展开全过程督查(王小国,2019),主动参与到企业资产管理和其他各项决策中,实现最佳纪检督查模式。

(五)督查流程

工作流程的制定是企业标准化的基础,企业所有业务的开展大都需要流程来驱动。合理的督查流程使企业各个职能部门分工明确、权责清晰,使员工主动趋利避害,限制员工的主观随意性,使企业统一协调、目标明确。其次,流程需要多方分工协作,避免了权利与资源的集中,服务于企业的督查督办工作,加强各部门或员工间的相互督查。同时,流程的存在也降低了沟通成本,让项目相关人员可以无需深入沟通甚至无需沟通即可按照预设的方式流转起来,让企业更为稳定。

国有企业的督办流程的优化从时间要求、通知与警示、逾期处理和结果核实这四个方面开展。在时间安排上,对工作的安排部署、反馈情况、问题落实等做出明确规定,做到事事跟踪到底、消号清零的结果;在通知、提醒和警示方面,借助督查督办系统对在办事项进行自动通知和提醒,分派事项时发出通知短信,在办理时限内划分不同的时间节点发布不同的短信,还可要求承办单位在一天内说明情况;在逾期处理方面,若上述处理方法均未达到效果,则由协调部门从中协调,否则,上报予以推动;在结果核实方面,承办单位上报事项办结后,相关单位了解核实,确保办理情况与上报情况一致。

青海省某油田公司结合企业实际发展需要,针对重大决策事项制定专门的督查督办措施，以规范化的管理思想，针对拟办、立项、交办、催办、办结、反馈、考核和归档等督查督办工作的全流程环节确定工作标准，并借助信息化手段以平台集成处理企业信息，推动督查督办工作的开展（韩秦鹏，2021）。陕西省某文化产业企业以党委会、董事会、总经理办公会、专题会议等各级会议层层抓督办，各级管理层在完成督查调研、现场办公和文件批示等条件下明确工作要求（崔晓刚，2020），对于上级的批示，要与上级督导督查部门做好对接，及时归纳督导督办台账。安徽省某电力公司规范执行工作流程，对督查督办事项的办理执行督办立项、计划管控、跟踪督查、审核结项和考核闭环的工作流程，特别是建立了"三查三单"制度（闫清波，2019），针对重要的领域、任务、试点和关键的主体、环节、节点，定期组织开展督查督导工作，并建立整改问题、整改措施、整改责任这三个清单，确保企业各事项决议有序推进。

（六）效能改进路径

国有企业督查督办效能的改进路径大致围绕以下制度、组织、人员、技术这几个维度进行。

在制度方面，各国有企业从企业信息正向流动角度建立健全督查督办机制（孙芯廷、张超，2020；王懿，2020；刘春梅，2021）。明确各单位或部门的职责权限，并定期对督办任务进行协调和推进，保障督办工作的效率。同时，从企业信息逆向流动角度建立健全任务反馈机制，强化各部门或单位的作风建设，鼓励其主动、及时地向督查督办部门或单位反馈工作的进展和困难。

在组织方面，各国有企业积极健全组织架构，细化督办管理部门权限，明确各部门或单位负责人，提升督办效率。具体来看，企业改变以往管理层次叠加、组织结构链过长，组织的控制难度较高，管理效率不高的现象。在发展混合所有制经济的基础上，积极调整产权结构，优化企业内组织结构。

在人员方面，各国有企业对负责督查督办的人员定期定向开展业务培训工作,使其熟知企业所需的政策信息,明晰企业的发展规划与组织架构,明确工作目标和纪律要求,不断提高督查督办工作人员政策分析、组织协调、文字写作等各项业务能力,提高督查督办工作的效率。对督查督办的对象可以借助党组织或宣传部门进行思想教育,营造各决议事项愿负责、言必行、行必果的良好督办氛围,打造企业借由督查督办机制实现高效运作的企业文化。

在技术方面,各国有企业应用现代网络和信息技术,搭建督查督办信息化工作平台,实现企业各个决议事项的网上办理和信息集成,如平台发布督办通知单、提供定期反馈时间、实时展示督办人员所处流程节点等,协助企业管理层及时了解各决议事项的进展情况,提高决策和问题修正的效率。

第二章

相关基本理论概述

第一节 督查督办的概念

督查督办指企业为保障和督查各个部门、各个员工能够履行职责,即遵守各项规章制度的同时,及时有效地完成各项工作,确保公司以较高效率开展工作。

国有企业督查督办主要涵盖如下方面:对党中央、国务院的大政方针以及国有企业各级重要会议上的重大决策、部署的贯彻落实情况进行督查督办;对外部管理部门、国有企业各级决策层下发的文件或者下级报请文件中明确要求贯彻落实或回复事项的落实情况进行督查督办;对各种类型的议案、提案、建议、专项工作方案或者信访案件、舆情事件办理情况的督查督办;对国有企业各级决策层的批示、指示事项的落实情况进行督查督办;对国有企业各级决策层在会谈座谈、基层调研等场合确定事项的落实情况进行督查督办;对国有企业决策层和员工关注的热点和焦点进行督查督办;对国有企业各级所属单位和部门的日常工作及执行情况以及决策层临时交办事项的督促检查。其具体督查督办的种类包括任务分解、决策督办、专项督办等。

国有企业督查督办工作体系的构建是保证其各级决议决策得到切实执行的有力措施,是国有企业整治形式主义和官僚主义、改进工作作风、提高工作效率的有效途径,是确保国有企业各产业模块实现高质量发展的重要手段。

国有企业开展督查督办工作一般具有权威性、实效性、间接性、综合性这几个特征。第一,权威性。督查督办的本质是一种领导行为,国有企业的督查督办工作一般是根据各级决策层的授权自上而下运行,对具体承办单位(部门)具有较强的约束力。第二,实效性。国有经济是中国特色社会主义市场经济的主体,是具体的客观实在,需要对涉及农工商各产业链的各类经济模块开展生产、经营和管理。国有企业督查督办就是要针对上述产业环节、经济模块逐项对标对表,抓好落实,着力从宏观微观、公平效率、供给需求、目标过程以及数量质量等五个维度来推动国有企业的高质量发展。因此,构建国有企业督查督办体系应注重实效性。第三,间接性。国有企业各级办公室或综合部门作为督查督办工作的具体管理部门,应完全尊重各单位和部门的专业化分工,充分发挥各单位和部门的职能作用,主要是通过分办、转办、催办等形式,督促相关单位和部门在规定的时限内研究、论证、处理,并于必要时形成书面报告。第四,综合性。督查督办是国有企业各级决策层综合领导力的重要组成部分,而国有企业对本企业的生产、销售、进出口以及行政管理等各个环节强化党的领导、落实国有企业管理制度,决定了国有企业决策层的工作范围广、涉及面宽等特点,所以,与之相对应的督查督办工作体系具有很强的综合性。

第二节　督查督办的类型及模式

一、类型

1. 内部督查督办与外部督查督办

内部督查督办指通过企业内部各督查主体间相互配合,使企业实现经营利益最大化。广义上指通过将企业的决策权、执行权和督查权予以分离,由不同部门分别行使,以防止权力集中对企业的合理经营造成不利影响。狭义上指企业内监事会、独立董事会以及内部审计等专门设立的督查部门或企业内部审计机构、企业利益相关者等督查主体来履行的工作。督查督办的执行大多依赖于完备的工作制度,包括责任制度、检查制度、反馈制度、通报制度、责任追究制度和考评制度等。检查制度是通过建立记录表的形式将各部门的工作事项进行记录、处理、检查,确保各事项有序开展。责任制度是将各项责任落实到具体的机构和人,细化工作内容,提高工作的针对性,对出现的重要工作问题,严抓实办。通报制度是负责人定期对落实工作进行汇总,表扬表现突出的单位和部门,批评工作不达标的单位和部门。考评制度是将督查督办工作加入到企业考评中,通过考评和审核工作的落实情况,保证督查督办工作的完成质量,并进行长期的跟踪监测(陈超群,2016)。

外部督查督办指的是企业外部各督查主体对企业经营方向和经营成果的监管或检查。广义上指的是通过隔绝企业内部督查中的督查主体和被督查主体的利益关系,借助来自企业外部的督查,开展各项督查工作。狭义上指由政府委托的社会中介组织、国有自查稽查特派员等从市场、声誉、法律三个维度对企业经营者进行的督查(张慧,2014),可以通过国家立法、政府审计、监事会外派、舆论导向等方面来实施(张楠,2021)。

国有企业的督查督办无论是来自内部还是外部,最终目标都是为了保证国企正常生产经营活动的开展,实现有资产的保值增值。两者相互配合,共同承担督查督办工作。

2. 事前督查督办、事中督查督办与事后督查督办

事前督查督办,是出于预先防范的目的对企业决议在制定或实施前所采取的措施,具体包括检查决议是否符合相关法律法规和公司的各项章程,决议的制定和实施是否得当,如决议能够按照有关规定切实履行了必要的程序,并制定了对应的风险防控措施等。具体措施包括:首先,思想方面,形成良好的企业文化和加强对员工的职业道德培训等;其次,制度方面,制定符合企业实际的督查督办体系;最后,技术方面,引入新技术,发展电子办公平台,对企业的各项工作落实到个人。

事中督查督办,是出于规范纠正的目的对企业决议的执行对象进行督查和督办,督查督办负责单位或负责人可以参与到有关业务中,跟踪了解详细情况,对发现的问题进行检查或调查,督促执行对象高效完成工作任务,并及时发现其在工作中存在的问题,防治问题的进一步扩大,降低此类问题导致的损失。

事后督查督办,是出于奖惩优化的目的对企业决议的内容落实情况进行督查督办,查明企业决议在落实过程中的合法性和有效性,将责任落实到具体的部门或个人,并将考核结果落实到绩效评价体系中,对表现出色的责任人予以表扬和奖励,反之,对表现不达标的责任人予以通报和惩罚,并对已经发生的不良结果或行为予以纠正和处理。

对事物发展的前、中、后采取响应措施,是管理的一种有效方式。企业对工作全过程的把控是一种持严谨态度的体现,国有企业应把预防工作放在首位,同时加强过程中的控制,建立奖惩考核机制,完善督查督办体系。

3.专项督查督办与综合督查督办

专项督查督办是就督查企业的某一类突出问题、部分员工的某一类具体行为或已经确立的某一项工作项目进行安排部署,制订效能督查实施方案,如企业专项资金的使用情况、某部门计划的完成情况、某项规章制度的执行情况等。这类督查督办工作重点突出,适用于解决倾向性问题,易见成效。

综合督查督办是就督查企业的所有行政管理行为在政治、经济、文化、社会等多方面效能的综合性督查督办,既要对企业各单位或部门对各项决议的履行情况和对国家法律法规、企业规章制度的违反情况等进行调查和整改,还要对导致企业效能不高的各类问题进行调查和整改,所涉及的督查督办内容更为广泛。

可以说综合督查督办是由一个个专项督查督办所组成,二者有机结合,共同服务于国有企业效能管理工作。

二、模式

1.“12345”工作模式

郑州市某机关单位为提高办公效能,认真开展区直机关科室季评工作,每季度由各单位负责人对该单位内各科室完成工作情况及工作成绩进行考核排名,并将排名结果报送区直机关党工委,每季度向全区公示排名情况(闵莎,2014)。通过“12345”模式,开展季度评选工作,促进机关工作人员作风进一步转变。其中“1”指的是树立“单位无小事、事事认真、扎实高效”的理念;“2”指的是强化“大局意识、服务意识”;“3”指的是当好“组织员”“宣传员”和“服务员”;“4”指的是把握“理解不误解、交心不离心、补台不拆台、谋事不谋人”的四个原则;“5”指的是坚持“不延误事情、不积压文件、不发生差错、不冷落基层同志、不影响机关形象”的五个不让。

2.“1210”工作模式

郑州某企业为适应郑州跨境贸易电子商务发展速度,提高通关效能,将第三方风险责任主体纳入物流交付环节,在货物进入特殊监管区域前,完成对经营方、代理方和产品的申报备案,并对不同的进口对象实施与之相对应的监管方式。在进出口货物通关监管模式方面,将电子商务、行邮监管和保税中心三者间实行通关监管模式,通过将海关、国检、公安、银行这4个监管服务部门和保税物流园区信息平台互联互通,实现对交易信息、支付信息、物流信息进行有效采集,替代传统的装箱单、合同和发票,从而实现对跨境电商的24小时通关服务和全覆盖的税收征管,建立跨境电商单一窗口综合服务平台,完善事前备案、事中监管、事后追溯的监管模式,实现“一次申报、一次查验、一次放行”快速通关(李晓沛,2018),通关和配送时效得到极大提高。

3.“1233”工作模式

四川某国有企业为推进工作落地落实,积极贯彻上级单位工作要求,创新督查督办方法,形成“1233”工作法(四川中烟,2020)。其中“1”指的是围绕一个中心,即围绕企业在当前这个时期的主要任务,服务于企业高质量发展的这一中心,在年初开展督办规划、年终进行督办调整、年末紧抓督办结果,坚持规划、推进、反馈围绕中心,确保成效体现在中心。“2”指的是强化两项职能,即重点工作抓落实和完善企业决议的职能,将各单位或部门的年度工作会确定事项作为一号督办事项,全年持续推进,同时,将相关会议事项和领导审批交办事项作为突破点,分别立项,独立建档。另外,在督办过程中建立问题台账,做好过程跟踪和调整工作。“3”指的是推动三个转变和处理好三个关系。从督办的理念、管理和手段多方面转变,既要告诉执行部门或人员“应该达到什么效果”,也要告知“如何达到目标效果”,提高督办部门或人员协调各方解决问题、推进工作的能力,处理好“督”与“办”、“进”与“退”的管理。

第三节　督查与绩效考核的基本原理

一、系统论

国企作为一个正式组织系统,具有层次性的特征,就企业督查工作而言,这一特征为其提供了参考依据,在构建企业督查督办系统时,必须把系统功能的层次性和结构的层次性放在首位。

系统论的基本思想方法是把所研究的对象视为一个系统,分析其结构和功能,研究系统、要素、环境三者的相互关系和变动规律,并优化系统的观点看问题。系统论创始人贝塔朗菲认为,系统是由处于共同相互作用状态中的诸多要素所构成的一个复合体,他指出,系统最鲜明的特征在于整体和部分间的联系。在此基础上,钱学森提出了"系统是由相互作用和相互依赖的若干组成部分结合而成的具有特定功能的有机整体"。系统的构成包括系统的目标、要素和连接。其中,目标指的是系统所要达到的预定目的,决定了一个系统运行的方向或状态;要素指的是系统的基本构成单元;连接指的是系统目标与系统要素的结合点,是系统实现微观与宏观相统一、部分与整体相关联的重要因素。

这三个部分相互关联、影响,共同作用形成系统。对国有企业的督查督办工作而言,同样具备这三个要素,即督查督办目标、督查督办要素、督查督办连接,由此可以构建一个较为完备的企业督查督办系统。

这里尝试从系统论的角度分析国有企业内部治理的督查督办模式,寻找对企业制度执行问题的新视角。用系统论的思维重新审视国有企业的督查督办工作,多面性地看待制度执行问题,从而让国有企业在整体、变化和关联中把握督查督办的本质,提高督查工作的质量和水平。

首先，一个系统中目标的确定方法是观察系统的行为，通过多角度、长时间的考察来判断系统的目标，就督查督办系统而言，明确督查督办目标会较大程度影响到督查督办工作所涉及的各个要素，是系统良好运行的决定性因素。在企业治理体系中，各层级的督查督办工作也必须明确这一目标，由目标指引督查督办工作的开展，同时系统中各组成要素也为统一的目标而服务。当然，国有企业的发展目标是多层次的，如企业在不同的发展阶段，所承担的历史使命不同，企业发展的总目标不同，管理层的行为表现不同，那么其督查督办的目标也会有所不同。对于督查督办工作也应由表及里，通过督查督办这一直接目标，确保国有资产保值增值，实现国有企业降本增效，切实提高国有企业核心竞争力，实现长远发展。

其次，要素是系统最基本的构成元素，要素的改变意味着系统的改变。一般系统主要包含三大要素，即主体、客体和内容，其中，主体是督查督办职责的履行者，客体是被督查督办的接受者，内容指主体对客体的督查范围。主体与客体是相对而言的，主体通过内容与客体发生关联，三者相互联系、影响，成为系统的重要组成部分。对国有企业的督查督办系统而言，督查督办的主体是对客体进行督查的具体的人、组织、机构等，包括内部督查主体，如股东及股东会、董事及董事会、监事及监事会等，外部督查主体包括外部市场督查、产权市场督查、职业经理人市场督查、司法督查等。内部与外部督查主体从不同角度、不同层次，以系统的内容为纽带，与客体要素发生关联，督查督办相关督查对象。督查督办的内容作为连接主体与客体的纽带，具有承载具体督查督办内涵的作用，是主体对客体的督查对象、范围的描述，包括重要会议决定和重大决策部署的落实情况即对落实过程中的问题进行检查、通报、催办、跟踪反馈、考核评价等内容。

最后，系统的连接使原本分离、孤立的若干系统要素有机结合起来实现系统目标，这种连接是使各要素间相互影响，产生反馈和传递。对企业督查督办系统而言，连接的方式就体现为职权与责任，系统主体对系统客体的连接是通过明确主体与客体双方的责任与义务来实现的,即督查督办系统通过督查督办的主体对督查对象行使各项督查权,确保督查督办系统的完整构成和有效运行。除了法律赋予责任与义务外,企业章程也具有一定的自治权。公司章程或各项决议是企业管理层决策的实现形式,这也是督查督办的重点。

二、新资源观理论

国企内部常常伴随着代理问题、管理者行为、研发活动等现象,比如代理问题,本质上是"两权分离"的现代公司制的共有特征,但由于代理关系链过长、激励机制不完善、督查制约机制不健全等问题的存在,导致国企效益欠佳。这些现象都可以用新资源观理论来解释。

一般认为,企业所拥有或控制的,有助于提高企业生产经营运转效率并实现战略目标的小要素合集是资源,具体可以分为物质资源、人力资源和组织资源。新资源基础观在原有的资源范畴中加入了冗余资源的概念。新资源观理论认为企业所拥有或控制的资源在投入使用后的用途是可以改变的,任何资源都有其潜在用途,在经过识别和开发利用后可以创造更高的价值,提高企业资源利用效率。这一理论强调了冗余资源的重要性,即当企业对冗余资源配置得当,就可以充分挖掘其潜在用途,对企业的长远发展有重要意义。

冗余资源是指企业内正式组织或非正式组织中实际或潜在闲置资源的囤积,包括超过生产经营所需的人员、未使用的资本、费用等超额投入等(黄俊荣、高倩,2021)。简单的来说,当企业内部某种资源的实际持有量大于实际需求量时,即产生了组织冗余现象。当然,也有学者认为冗余资源的存在对企业来说是抵御风险的必要,因为企业未必总是处于最优运作效率的状态,在企业发展前期时总需要有一定的冗余资源积累,便于后期妥善应对各种困境或突发性资源需求(张伟华 等,2021)。组织冗余的存在有利有弊,企业应通过各种机制或制度,将组织冗余控制在合理的范围内,既满足企业降本增效的需要,也适应企业应对潜在风险的条件。以冗余资源的存在形式为分类依据,将企业内的冗余资源是否被企业的生产经营活动所吸收为标准,将其分为已吸收冗余和未吸收冗余(李周亮,2020)。其中前者由于已经嵌入生产经营活动中,对比后者难以被企业再次利用,所以企业通常对未吸收冗余比较注重。同时,已吸收冗余通过运营资本与销售收入的比值来衡量,未吸收冗余以现金或现金等价物与流动负债的比值来衡量。未吸收冗余可以作为企业的储备资源,从而提高企业研发投资等决策的柔性,为企业其他生产经营活动提供资源支持。

这里尝试从提高企业冗余资源利用率的角度解释国有企业的督查督办模式,寻找优化原有模式的路径。

在认知态度方面,国有企业应理性看待冗余资源,充分挖掘未吸收冗余资源的潜在用途。企业内的已吸收冗余和未吸收冗余的潜在价值是存在差异的,企业在重视提高冗余资源利用率的同时,也要理性看待这两种冗余资源。已吸收冗余由于已经高度嵌入企业的组织架构,拥有其稳定的用途价值,往往难以被灵活使用,尽管通过资源的重新配置可以被更换用途,但更换成本过高,且由于用途的改变,可能对原有组织架构产生不良影响,不利于企业的稳定发展。而未吸收冗余由于用途不明确,可以更为灵活地被使用,易于被识别转化,如可以通过企业管理层的决策,指定其用途。对于国有企业而言,一方面应降低已吸收冗余的转化成本,弱化其用途改变对企业的不利影响;另一方面,应提高未吸收冗余的转化速度,充分发挥其对其他生产经营活动的支持效应。

在组织架构方面,国有企业应着重把握人力资源冗余。人力资源冗余是企业内超出实际运营所需的、有知识或技能的员工,其存在和作用的发挥比较难于离开特定的情景,如果企业内部存在人力冗余,那么就可以考虑机会的捕捉和其他资源的调动、重新部署和运用(朱芳芳,2019)。人力资源作为组织中个体人力资本的聚集,包括个人的知识、技能等,是企业一大重要竞争优势,提高企业人力资源利用率可以减少资源闲置以降低成本。通过人力资源培训、过程控制、非物质激励等人力资源的开发管理,可以有效改善企业的人力资源冗余,提高企业的绩效水平。

在技术革新方面,国有企业应维持合理的组织资源冗余水平。当企业内部存在一定量的冗余时,可以迅速将其转化,并维持不同类型冗余之间的平衡,这有利于提高企业的绩效水平(王彦萌,2021)。企业内冗余资源程度越高,企业尝试非确定性事件的能力或行为的自由度往往也越高,促进了企业更广泛地搜索发展机会,促进企业创新能力的提升。可以说,冗余资源的存在为企业发展提供了资源支持,有利于企业更好地应对内部战略调整和外部环境冲击。

在制度监管方面,国有企业应制定合理的督查管理制度,明确企业对冗余资源的处理和使用方式。一方面,冗余资源的存在有利于企业应对风险和创新发展,但当这一空间变大,容易使企业管理层满足于现状,随意对待决策层的战略部署和各项决策,对企业的长期发展产生负面影响;另一方面,冗余资源是闲置在企业中会增加成本,降低运营效率的资源,即企业有必要通过明确的制度体系来减少或消除一定的冗余。

三、契约理论

随着企业规模的扩大,现代企业制度初步形成,所有者与管理者的职位逐渐分离,形成了股东与高管的关系,二者通过签订薪酬契约来履行各自的职责。但由于二者的出发点不同,即股东的目标是实现自身利益最大化,而高管的目标是使自己得到更高的回报和声誉,这就产生了代理冲突(向未名,2021)。为了减少这类利益冲突,产生了"最优契约理论"的观点。

《社会契约论》是18世纪法国著名思想家让·雅克·卢梭的代表作,人类进入文明社会后建立了国家,为了明确每个人的权利和义务,必须签订一个契约,契约的意义在于个人心甘情愿地把自己的权利交给国家,让国家拥有统治我们的权利,这里契约代表了"心甘情愿的权利转让过程"(董星敏,2021)。作为一个组织,国企也通过契约使员工心甘情愿地完成部分权利的转让,特别是管理层。在实际生活中,国有企业通过召开股东大会投票选举出董事会成员,董事会有权决定管理层的聘请和最优薪酬方案,董事会从股东的角度出发,对公司管理层实行监管。最优薪酬契约实现的前提是董事会与股东之间的利益是具有一致性的,这里就还存在着代理问题,即当代理人与委托人利益不一致时,代理人有动机为了自身利益,做出有损于委托人利益的行为。

基于最优契约理论的观点,薪酬契约的制定是解决代理问题的关键,而薪酬契约的内容是由经营业绩所决定的,这有助于对管理层形成有效的督查,达到股东利益与管理层利益相一致的最终目标,这一理论的核心在于通过制定合理的薪酬契约理论,实现股东与高管之间的利益协调。

另外,不确定信息的存在也对国有企业的生存和发展产生着威胁。2016 年诺贝尔经济学奖得主奥利弗·哈特和本特·霍姆斯特罗姆所改进的契约理论就是为了解决这类问题的效率,方法是一揽子计划,把所有这类风险和收益进行明确划分,具体这个所有权交给谁,交多少,看契约双方的溢价能力。但所有是很难写清楚的,如果写不清楚,就会有人钻空子(翟艳艳,2021)。对于国有企业而言,就需要尽可能地将各项工作流程进行标准化处理,落实为企业的规章制度,并在实际工作中,对这些规章制度进行不间断地优化调整,降低"钻空子"现象产生的概率。

第三章

构建全面的"13710"督查制度体系

第一节 现有问题分析

一、内部督查制度体系整体性不足

督查制度体系缺乏整体性是指:督查督办缺乏有效组织和安排,督导没有形成整体,任务没有统筹管控。尽管大部分国有企业在改制中实现基本的自上而下,或自下而上的多层级内部督查制度体系,但是只是在制度上对各职能部门和治理主体规定了职责范围与内容,缺乏对督查体系的整体设计。比如,有些企业没有构建集中管理的"大审计"督查机制,很容易造成相关职能部门各自管理、各自为政的问题,难以对其进行协调统一,从而也就不能实现资源共享以及督查合力的最大化。再比如,有些企业缺乏完备的总法律顾问机制,很难做到事前法律预防和事中法律控制,影响财务管理整体水平提升和督查效能的最大化发挥。

内部督查部门统筹不够、督查活动过频等情形一定程度上导致了督查成果运用不足、督查内容重叠、督查力量分散等实际问题。企业在工作实践中,存在以下情形:有的出现了督查检查过多过频、过于注重留痕(王海华,2021),导致被督查对象疲于应付、以形式主义对付形式主义的情形;有的督查检查工作一查了之、查而不处,督查检查的结果应用不到位,甚至存在年年检查、年年发现的问题;有的企业负责督查职责的机构之间协调配合不够,有权处理的机构掌握情况不及时、反映不灵敏,而具体业务督查的机构虽然知道情况但无权处置等(陈文龙,2021)。

二、督查主体协同度不高

督查督办需要各方协同合作,这一过程存在内部督查制度执行效果偏低、执行落实不高效、督查主体众多难以协调等现象。经过多年发展,目前国有企业的督查已初步形成了党内督查(上级党组织、纪检督查、巡视组)、出资人督查(国资委、审计署)、法定专职业务督查(各业务监管部门)、司法督查(公安、检察院、法院)、社会督查(职工、公众和舆论)等五大类督查主体。但如何实现内外协调是难点,缺乏高职位、高地位、信服力、针对性和绝对纯洁性的督查实权部门对各督查主体进行协调统筹(陈超群,2016)。

三、督查制度配套的保障机制不健全

首先,保障机制不健全体现在:企业内部虽然设置督查机构,但是实际督查效果却不显著。其一,内部督查主体权威性不足:现阶段,我国绝大多数国有企业都设置有纪检、督查、审计、法律等一系列督查职能部门,但是由于这些督查职能部门或小组的权威性不高,或者受行政隶属、利益分配等机制的影响,即便在制度上规定上述督查职能部门有权对各层级进行督查,督查人员也难以将督查的成效真正发挥出来;其二,在监事会层面,虽然企业制定了监事会的相关制度,但是实操性不足,监事会的职责作用有待提高。

其次,国有企业内部如果缺乏必要的保障机制,督查制度的构建哪怕再健全、再完备,其效果也将被大打折扣。比如,一些责任追究机制相对不健全,特别是对重大违规行为藏匿不报或者不予追究方面的规定,一旦出现重大的安全事故或者财产流失,相关部门相互推诿,相互推卸。长此以往,势必会降低督查人员的法律意识和责任意识,难以保障督查制度的效果。再比如,部分督查人员的薪酬未与职责履行情况相挂钩,激励机制的效果难以全部发挥出来,降低了督查人员对工作的能动性,特别是渴望升职、加薪的员工,从而影响了督查工作的质量。

四、督查重点不突出

行政单位和国有企业内部督查浮于表面、流于形式,督查过程重点不突出、针对性不强、走过场的问题仍然存在。为完成督查任务,走过督查流程而进行督查的情况屡见不鲜。

五、思想认识不到位

对于国有企业整体而言,部分国有企业盲目贯彻"以经济建设为中心",忽视科学发展观、群众思想、企业文化(陈超群,2016)等。

对于员工个体而言,一是思想认识不到位。部分单位没有把这项工作与集团公司当前的改革脱困大局结合起来,一定程度上存在"等、靠、要"的思想。二是担当意识不够强。部分单位担心工资欠发、职工不稳,担心推行机关改革减员会乱了阵脚、散了人心,没有站在集团公司大局角度通盘考虑问题。

六、督查制度标准不清晰

国有企业内部执行部门对上级精神未能充分领会,自作主张决定督查项目和检查标准,致使督查工作走样。比如能源型企业常见的"鼓励目录"和"淘汰类清单",在内容上存在把控和分类不清晰的现象。标准需要具体化,如在石油、天然气和化工行业,现行目录规定"1000 吨/年以下黄磷生产线"予以淘汰,而新目录规定,3000 吨/年以下黄磷生产线 2008 年年底前淘汰,5000 吨/年以下黄磷生产线在 2010 年年底前淘汰。在钢铁行业,现行目录规定,5000 千伏安以下的铁合金矿热电炉于 2005 年年底前淘汰,而新目录进一步规定,5000～6300 千伏安以下铁合金矿热电炉于 2008 年年底前淘汰,6300 千伏安铁合金矿热电炉用于 2010 年年底前淘汰(宝鸡市金台区地方志,2016)。

七、督查任务重

国有企业规模庞大,资产数额巨大,各级党组织和党员干部人数众多,业务面广,产业链条长,很多企业在关乎国计民生的重要领域占据主导地位,影响重大。而研究对象企业作为能源行业中的大型企业,旗下高端化工产业拥有 35 家主要化工企业,企业规模一万人以上的服务企业多家。子公司地区分布广,督查任务重,耗费时间长,易产生执行部门应付督查督办工作的情况。

第二节 "13710"督查制度体系构建

一、"13710"督查制度概述

"13710"督查制度在河南省委省政府落地,并在各地市扎根,取得了不错的成效,其具体含义是指:"1"即接到工作任务后一天 24 小时之内要研究部署;"3"即 3 天内要向主管单位反馈初步办理情况;"7"即一般性问题原则上一周 7 天内要落实解决并反馈;第二个"1"即重大问题,包括一些复杂问题要在一个月内落实解决并反馈,确实解决不了的,要拿出解决的时间节点和方案;"0"即所有事项都要跟踪到底,销号清零,件件事项有结果。与此同时,中央深改委于 2020 年 6 月,以《国企改革三年行动方案(2020—2022年)》为落实行动,对今后 3 年国企改革关键阶段进行了具体部署。2020年 10 月,在党的十九届五中全会通过的《中共中央关于制定国民经济和社会发展第十四个五年规划和二〇三五年远景目标的建议》中指出"深化国资国企改革,做强做优做大国有资本和国有企业"。

　　某大型国有企业坚持扎实推动集团公司重大决策部署的全面落实,建立健全"抓督查、促落实"机制,切实提高督查工作的质量和水平,学习河南省政府"13710"工作制度及其配套"13710"督查督办系统,尝试打造本企业专属的"13710"督查制度体系。集团督查工作旨在全面落实中央的"一分部署、九分落实"工作要求,促进各级机关转变服务理念,全面打造敢于负责、高效务实的工作作风,为基层减负,为集团国有资本投资公司改革试点工作的全面铺开提供坚实保障。集团督查工作将重点依托集团综合快捷服务中心建设等方式,加大精准督查、过程督查、考核问效督查的力度,构建"首问负责制""限时办结制"等工作落实机制。这里首先简要规定"13710"督查制度体系基本准则、工作内涵、流程规制和设计要求。

　　1."13710"督查制度体系的价值特征与原则

　　(1)特征:权威性、实效性、间接性、综合性。

　　(2)具体原则:决策授权原则、深入论证原则、服从大局原则、关键导向原则、统筹规范原则。

　　2."13710"督查工作内涵界定和流程规制

　　党中央、国务院大政方针—对外部门、决策层文件—议案提案、舆情事件—决策层批示—座谈、调研—热点焦点—日常工作、临时交办事项。具体流程规制见图3-1。

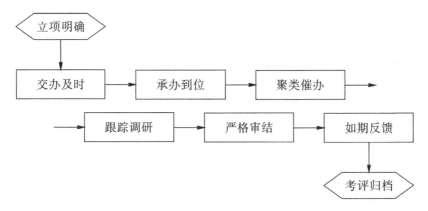

图3-1　某大型国有企业"13710"督查工作流程规制图

3.督查督办工作要求和稽核设计

（1）注重时效,确保集团各级督查督办流程的规范有序。

（2）聚焦目标,提升集团各级督查督办人员的业务素养。

（3）注重时效,确保集团各级督查督办流程的规范有序。

（4）协调各方,结合集团自身特点综合运用督查督办工作措施。

（5）完善制度,发挥集团垂直管理作用,全面激发保障机制效果。

着眼工作进展,抓好决策督查、重点督查、专项督查,使督查运行规范化、制度化,完善"13710"督查制度体系,需要构建"首问负责制""限时办结制"等具体工作落实机制。

二、首问首办负责制度

首问责任制最早运用于政府系统中的行政服务中心,便民大厅等集中办公场所,指的是相关事项的工作人员对办事人想要了解或咨询的事项负责回答和解决的制度规定。其中最先受理办事人员咨询、投诉的工作人员,作为首问负责制下的工作人员,负责协调和处理有关问题。

首办负责制是指服务对象向行政机关申请办理行政许可、非行政许可审批事项和确定登记等公共服务事项时,受理或办理该项业务的首位工作人员应当按照职责处理有关事项,并对事项办理全程跟踪和回复结果的制度。负责受理或办理工作事项的首位工作人员即首办负责人。首办负责人对办理事项全程跟踪、协调、督办并承担首办负责人责任。

首问首办责任制自 2011 年在全国得到广泛地推行,河南各地市结合地区特点和实际情况,首先在检察机关进行大胆实践。其目的和出发点主要是,转变集团干部和员工的工作作风,创新服务机制。建设和落实"首问首办责任制",一方面提高工作效率和整体管理水平,另一方面按照内部业务分工,明确责任,及时办理,将控告、申诉等问题解决在首次办理环节,改变"责任大家抗,问题难解决"的情况。这与本企业建设"13710"督查制度体系、提高管理运营效率相匹配。因此,建设首办首问负责制对"13710"督查制度体系构建具有基础作用,根据原理提出配套要求以便形成具体办法。

1. 明确首问首办负责制度主体

首问人是指第一位被上门办事的人员和其他有关人员(办事人)询问到的工作人员;首办人是指负责受理或者办理工作事项的首位工作人员,要求其对办理事项进行全程跟踪、协调、督办并承担首办负责人的责任。这一制度应包含集团所有工作人员(包括借调、临时聘用人员)。

2. 明确首问首办责任人态度

首先要突出首问负责制的全体责任,其次督查管理相对责任人咨询、办理、投诉的问题,无论是否属于集团公司所辖范围的事情,首问或工作人员都必须主动热情接待,不得以任何借口推诿、搪塞、冷漠拒绝办事人。首办负责人应积极主动对办理事项全程跟踪、协调、督查并承担责任(陈文瑛、朱军,2015)。

3. 明确不同情形下首问责任人义务

对属于本人岗位职责范围内的事项,应当一次性告知咨询事项的办理依据、时限、程序、所需材料和相关手续等,办理申请事项;对属于集团内部其他岗位职责范围内的事项,领办导办的工作安排应具体到承办人员;对不属于本集团职责范围内的工作事项,应表明理由,并尽可能地给予帮助和指导,见图3-2。

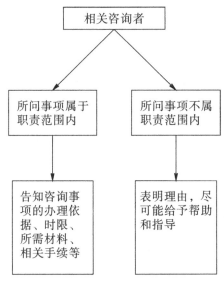

图3-2 首问责任人义务情景图

4. 明确不同情形下首办责任人义务

对符合法定条件和规定程序,能当场办理的事项,应当场办理;对符合法定条件,但按规定程序不能当场办理的事项,认真登记对象姓名、单位、联系方式、申请办理的工作事项、接受材料的名称、数量等相关信息,填写《××许可的申请材料凭证书》,并按规定时间限制对办结的时期进行承诺,办结后及时回复办理结果,由于客观原因延期办理的事项,派发《××延时通知书》;对申请材料、手续不齐全或不符合法定要求的应一次性告知需要补齐的手续、材料,派发《××补正材料通知书》以完成书面通知,并尽可能地给予帮助和指导;对不合法定条件事项,应告知不予受理并解释原因,下发书面形式《××不予受理通知书》,见图3-3。

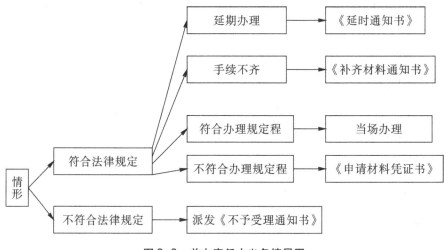

图3-3　首办责任人义务情景图

5.制定配套工单

制定本企业"13710"督查首问首办负责制专用工单,如《××许可的申请材料凭证书》《××延时通知书》《××补正材料通知书》和《××不予受理通知书》等。

6.规定首问首办责任制度事项范围

可适当借鉴《陕西省地方税务局首问责任制度实施办法(试行)》中内容,如对责任人职责范围内的"涉税(费)业务办理、涉税(费)业务咨询、纳税服务投诉、税收工作建议"等。

7.设定违反首问首办负责制处理标准

违反首问首办负责制,有下列行为之一的,视情节轻重,予以责任追究。情节较轻的,给予口头告诫、书面告诫处理;情节严重的,给予离岗培训、调离岗位、免职处理;情节特别严重的,给予辞退处理;构成违纪违法的,按照相关规定处理,如首问负责人态度蛮横粗暴、不履行告知义务和领办导办义务致使应办理的事项未能及时办结的,还有首办负责人对承办事项应受理而不受理、未一次告知、超时限办理、未及时回复办理结果的,也包括违反法定权限、条件、程序等实施行政许可或非行政许可审批的以及违反首问首办负责制的其他行为。

为提高本企业整体运营水平和效率,建立起"负责、有序、高效"的工作运行机制,树立企业"勤工、廉洁、务实、高效"的良好形象,提出制定首问负责制以健全"13710"督查体系。企业建设督查"首问负责制",并不完全与政府部门相同,是指纳入督查的事项,均要明确落实责任人,一旦明确作为该事项第一责任人,要全程协调办理,直至办结,除因特殊原因不更换他人。建设"首问责任制"需要有明确标准,明晰责任,将首问负责制分解落实到有关部门、岗位和个人。

三、完善督查立项报批制度

项目制是我国近年来社会治理体制机制运行中的一个极为独特的现象。"项目"原本是指一种事本主义的动员或组织方式,即依照事情本身的内在逻辑出发,在限定资源的约束条件下,利用特定的组织形式来完成一种具有明确预期目标(某一独特产品或服务)的一次性任务(康敏,2021)。项目制的存在更能反映绩效合法性的思维模式(渠敬东,2012),即只要项目依照计划的流程和内容进行,一定会满足相应绩效,在立项、申报、审核、监管、考核、验收、评估和奖罚等一系列例行程序中更具可度量性和可控性。立项是企事业单位及其中各科室申报项目,完成交办任务,实现经济政治发展的起点。因此,建设完善严密的督查立项报批制度需要明确其主要来源和立项程序,见图3-4。

(1)结合省政府"13710"电子督办系统交代的事项,经分管领导批示后进行立项。

（2）集团公司总部交办的事项,经分管领导批示后进行立项。

（3）党委会、总经理办公会议定事项,经分管领导批示后进行立项。

（4）各部门科室牵头负责的项目,需纳入"13710"系统进行督查督办的,经分管领导批示后进行立项。

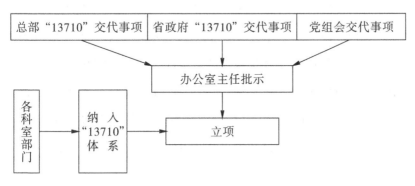

图3-4 督查立项报批流程图

四、情况通报制度

《中国共产党党内监督条例（试行）》第十五条至第十八条规定了重要情况通报制度和报告制度。情况通报制度经十一届三中全会确定下级组织要向上级组织请示和报告工作,又要独立负责地解决自己职责范围内的问题,实现组织内部的情报互通,体现企业和组织内部相互支持、相互督查的精神。考虑到如果出现事关全局和企业稳定的重要情形或者重大问题,特别是突发事件,下级组织应当按照规定时间限制和标准流程向上级组织报告或请示,但是不能在报告或请示期间互相扯皮、贻误时机,甚至影响对事件或问题的处理,造成不必要的损失。对隐瞒不报、不如实报告、干扰和阻挠如实报告或不按时报告的,条例规定要追究有关负责人的责任。同时,对下级请示不及时答复、批复或对下级报告中反映的问题在职责范围内不及时处置,造成严重后果的,也要追究有关责任人的责任。

把握住以下两个关键点:一是注意处理好本企业党委和集团运营部门的关系。各级党委应当在职权范围内发挥总揽全局、协调各方的作用,支持集团和有关方面独立负责地处理好有关问题。但不要事事都由党组织通报和报告,注意避免以党代政的情况。二是要将"13710"督查制度体系建设进程和企业经济发展的实际情况进行紧密结合,对通报和报告的方式、范围、内容制定相应的规定。一开始范围可以小一些,随着形势的发展应当逐步扩大,要体现集团内部督查不断发展的动态过程(贾鸾,2006)。

根据督查事项落实情况,督查办通过《督查日报》《督查周报》《督查专报》等形式向有关领导和部门报告,视情况不定期以《督查通报》的形式在集团一定范围内通报,具体格式内容可参考附件1,并形成具体要求办法。

1.周报报送情况

本企业综合办公室交办有明确时间节点的一般性事项任务,原则上一周内要落实解决,责任单位要按照"1""3""7"的时间节点及时反馈内容情况:对重大复杂问题要在1个月内落实解决,确实解决不了的,转入持续推进阶段跟踪督办,每周周前通过"13710"系统报送进展情况,直至交办任务落实完成。

2.月报报送情况

落实周期3个月以上的事项任务,责任处室在接收到任务时的第1天进行反馈,此后每月进行反馈,直至任务落实完成。

3.周报提醒

事项立项后,系统将自动针对1天、3天、7天、1个月的时间节点,分别在截止时限前5小时、5小时、1天、2天进行短信提醒;责任处室提前报送情况的,对应提醒自动取消。

4.催办

责任处室未按照"13710"时间节点要求进行反馈的,系统将自动发送短信进行催办,逾期1天内每3小时提醒1次,逾期2天内每2小时提醒1次,进入"13710"系统催办程序,系统自动发送催办短信提醒。

5.督办

责任处室未按照"13710"时间节点要求进行反馈的,逾期2天后短信提醒1次,进入"13710"督办程序,系统自动发送督办短信提醒。

6.提醒

事项立项后,系统将在月底前三天进行短信提醒,责任处室提前报送情况的,提醒自动取消。

7.未受理

本企业综合办公室没有受理,但责任处室(单位)对交办任务已申请完结,"13710"电子系统将再次发送提醒短信,以免造成形式流程冗杂。

五、限期报告制度

纳入督查的事项,一般要明确办结期限。督查办结合实际情况将督查事项分为短期、中期、长期事项,并设定进度报告时间段,督促责任部门(单位)按规定时限报告。到期未办结的,责任部门(单位)须说明原因并经交办领导同意可提请延期。若条件发生变化无法继续办理的,责任部门(单位)须说明原因并经交办领导同意可提请停办。

(1)限时办结制是指在受理申请人的各种申请,办理相关业务等情况时必须在规定的承诺期限内办结的制度。

(2)办事人在资料齐全、手续完备的情况下,可被正式受理,期限从正式受理之日起。

(3)实行限时办结制度分类处理,不同情况分别处理。

咨询件:对于申请人的咨询,要热情接待,耐心解释,一次性详细告知申请人所需要补充的手续及资料,做好解释工作。

补充件:对于申请人请求合法,手续不全的项目属于补充件。要一次性详细告知申请人所需要补充的手续及资料,做好解释工作。

退回件:对于申请人申请项目不合法或申报资料缺少主件的,属于退回件,应当场告知申请人退回的原因。

受理件:一是即办件,指的是程序简便,材料齐全,可以当场办结的项目,即办件要即收即办,现场30分钟内办结。二是承诺件,指的是手续齐全、请求合法、需要审核、踏勘现场后方能办理的项目,承诺件要明确承诺的办结时效,必须在承诺期内办结。三是上报件,指的是需要到上级部门审批的项目,由窗口部门协助服务对象在规定的承诺时限内办结。

六、领导批示件办理制度

办理领导批示件,是各办公室一项重要的经常性工作,需要在工作中坚持负责、准确规范、高效有序、安全保密的原则,勤思考、精阅读、快落实。由于其所代表的重要性和紧急性,往往伴随着跨流程、跨纪律和不规范的情况,这样更容易给督查督办工作带来困难。为更好落实集团领导指示,形成集团领导批示件闭环管理,各科室单位收到集团领导批示件,按照以下程序进行流转处理,见图3-5。

(1)接办:收文平台收到区领导批示件后,由办公室主任提请主要领导批示。

(2)分办:办公室按照单位主要领导的批示,分类转给相关分管领导办理。阅研件情形,单位主要领导批示的阅研件,由办公室督办员填写《批示件督办通知单》,并发送给相关分管领导;传阅件情形,单位主要领导批示的传阅件,由办公室转给相关分管领导及科室进行传阅。

(3)承办:分管领导及相应承办科室根据《批示件督办通知单》的要求及工作实际情况,于3日内填写好承办科室、配合科室、承办意见及限定办结期限反馈给督办员。

(4)督办:督办员根据承办科室的限定办结期限,在限定的日期内进行督办。

（5）办结：承办科室根据区领导批示的要求将承办（进度）结果报分管领导审阅、主要领导审定签字后，纸质版及电子版督办通知单反馈给督办员。

（6）归档：由督办员按照编号对办结的领导批示件统一进行归档，保管过程中严格执行保密制度，涉及秘密的应防止泄密和遗失，另外以方便督查员进行事后督查和检阅。

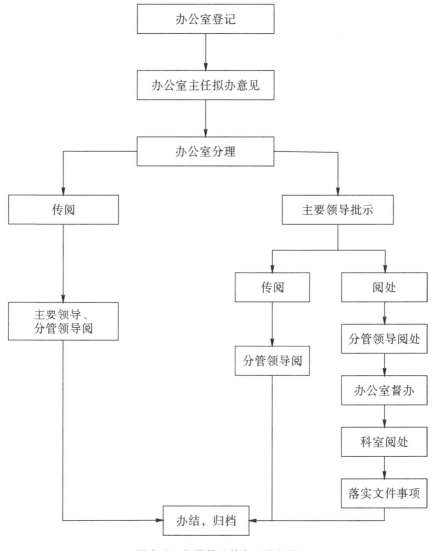

图3-5 领导批示件办理流程图

七、建立绩效考核督查制度

绩效,从管理学的角度来讲,可以理解为组织期望达到的结果,用来衡量取得的成效、成果等。从经济学的角度来讲,绩效包括了经济、效率、效果三个方面(谭振广,2020)。绩效考核,是对员工和单位工作绩效所进行的考核评估。

在本书中,对于企业的绩效考核督查,主要是针对组织层面整体绩效的考核以及与个人薪酬、选拔相关的个人绩效考核,通过运用科学合理的考核方法,制定符合实际情况的考核指标,从组织管理运行情况、工作完成情况、社会满意度等多方面,对企业各部门科室以及个人进行客观公正的评价,最终通过运行考核结果来达到提高组织整体绩效水平,实现引导员工职工实现和贡献个人价值的目的。具体流程见图3-6。

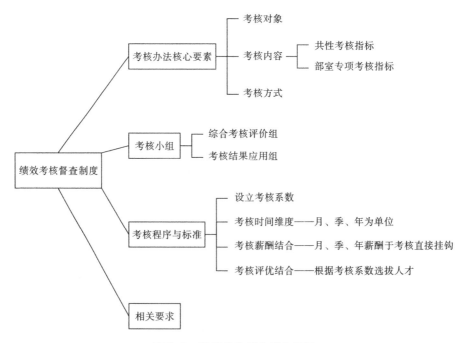

图3-6　绩效考核督查制度导图

确定考核办法的三大核心要素。

首先,考核对象包括集团公司各部室、事业部、共享中心、平台公司。

其次,考核内容中的共性考核指标:包括集团公司安全、利润、营业收入三项指标,具体设定评判标准、系数、关联事项等。其中部室专项考核指标是根据集团公司重点工作、重点任务,结合部门所分管业务,设定 3～7 项可量化指标。

最后,考核方式为月、季、年度测评相结合,并成立考核小组,加强考核工作组织领导,明确组长、副组长、成员及其职责分工,以及明确考核程序、考核标准,严格执行、强化考核结果运用,发挥导向性作用。

八、后评价和结果运用制度

目前国有企业很少有以督查后评价为名的结果运用制度,更多是针对企业所具有的具体问题进行的调节和整改。无论是 2015 年第二次大督查,国务院首次启动对督查发现不作为问题的问责,还是 2016 年国办印发《关于对真抓实干成效明显地方加大激励支持力度的通知》,以及 2017 年对各取得明显成效的省市县激励支持,更多是号召性要求,具体细化规定需要各地方和国有企业进行实际操作。因此,国有企业有关部门,特别是企业中综合办公室应结合工作实际,从制定考核办法、丰富评价手段、深化评价结果运用、延伸评价功能等方面,逐步探索建立完善督查后评价机制(董娟、谢明东,2018)。

根据相关部门(单位)承办事项办理的效率和结果,建立督查后评价制度,设置办理时效、办理结果、工作态度等指标,对责任部门(单位)、配合部门(单位)进行综合评价。坚持"谁交办谁评价、服务谁谁评价"的原则,由交办领导、服务对象、督查人员对责任部门(单位)进行评价,由责任部门(单位)对配合部门(单位)进行评价,并将督查工作评价结果作为年度综合考核的指标之一。国有企业可以利用 PDCA 循环管理方法实现在项目后评价机制构建中,依据实际情况,发挥机制的作用和实现自身的不断完善。PCDA循环管理方法的步骤具体被抽象概括为"4+8模式"(李红,2020),见表3-1。

表3-1　PCDA循环步骤表

4 阶段	8 步骤
计划(P)	1. 现状分析、问题挖掘
	2. 分析现象所引申出来的主要问题,发现其影响因素
	3. 寻找核心问题,分析主要原因
	4. 采取针对性解决措施
执行(D)	5. 依照要求执行计划措施
检查(C)	6. 对比实际结果与目标结果,进行检查
处置(A)	7. 将成功经验概念化,制定相应标准
	8. 将未解决问题或新出现问题重新选入下一个PDCA循环方法中进行解决

项目后评价制度作为今后投资决策的指导,详实、准确的后评价对有效降低投资风险、提高投资效益有着重大的意义。PDCA循环管理方法适用于项目后评价的每个单独环节和整个过程,使每个环节的管理更加精细化,PDCA循环管理方法的运用能有效地提高企业项目后评价和结果运用制度在构建过程中的管理水平。后评价和结果运用制度流程,见图3-7。

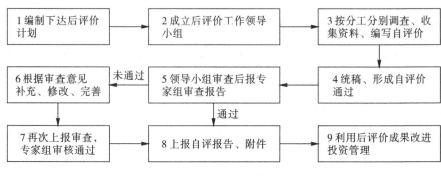

图3-7　后评价制度基本流程

九、责任追究制度

国有企业是我国经济发展中重要的推动力,国有企业同时也肩负着振兴民族经济的重要使命。随着中国经济市场化改革不断深入,国企在其中必须保持优势和领先地位以彰显中国的制度与特色。国有企业内部质量管理需要各项改革与强化机制,其责任追究的相关问题一直是中国工作的重点和核心(成季,2016)。

为规范和强化督查责任追究工作,形成具体办法和标准作为督查和追究的依据,督查过程中发现因不履行职责或者不当履行职责的情况,致使工作推进不力、未达到预期目的,或造成集团公司较大经济损失及不良社会影响的各单位(部门)及其工作人员,移交纪检督查机构追究其相应责任与处理。督查责任追究应当坚持依法依规、实事求是、事实清楚、证据确凿、定性准确、处理恰当、程序合法、手续完备的原则,具体制度流程见图3-8。

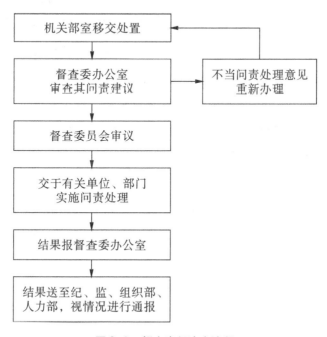

图3-8　督查责任追究流程

穷尽式设定责任发生情形,确定责任追究方式、规范责任追究程序。河南学习政府部门中"两个巡查"工作制度,结合了重大决策部署督查检查、日常案件督查督办、资金审计、信访件办理及其他工作的督促检查,注重发现和分析集团各级科室部门是否存在应追责而未追责或追责不到位等问题,并建立工作台账,督促相关单位追责到位(高金花,2017)。不断健全完善督查督办、统筹协调、分析研判、通报曝光等工作机制,推动各级党委(党组)和党的工作部门履行追责问责的主体责任。

在国有企业集团督查督办工作构建中,可以由领导人员进行工作任务的引导,完善工作任务设计的程序性以及实效性,解决工作中所面临的问题,完善公司的服务督查管理系统,实现公司财政的稳定落实(王鑫鑫,2021),这也是该企业立志于"13710"督查制度体系建设的目的之一。

在督查责任追究中引入约谈制度。"约谈"一般指行政约谈,学术界主要分为"外部约谈"和"内部约谈"两种。"约谈"的概念具体有三种观点:一是指行政主体在行政相对人涉嫌违法时,为了预防违法行为的发生或违法结果的出现与危害的扩大,通过与相对人"秘密"交谈的协商对话来发出警示,以此起到必要的引导、教育、督促作用;二是享有督查管理职权的行政主体,为防止发生违法行为,在事先约定的时间、地点与行政相对人进行沟通、协商、警示告诫;三是对口机关,对其属下机关部门或个人进行的约见谈话来促使自我纠正,伴随着一定的处分和处罚(张强,2021)。

该企业较适合引入约谈制度。由督查委办公室对其他科室部门实施的"外部约谈",可以认为是督查委办公室或者综合办公室领导和督查督办人员以警告、引导、教育等方式,防止其违法违规行为的发生或者对违法违规行为的纠正,但不限于过于标准的情形、内容、性质、目的,适合具体问题具体分析。

十、总结表彰制度

随着我国改革开放水平的不断提高和日益频繁的国际联系,国内民众思想多样性、选择性和独立性日益增强,在国企内部也不例外。逐利意识、盲目攀比意识、大锅饭意识阻碍了国有企业的发展,特别是阻碍了传统国有能源化工企业的革新与经济发展。为了应付这种情况,加强对国有企业广大职工的思想教育引导,使得国家的核心价值观、企业的核心利益观与职工的职业追求观相一致。因此,对年度或季度工作进行总结表彰具有一定的必要性。

学习和模仿"国家表彰行为",形成独立指标、共存指标,不仅要对符合标准的优秀项目、优秀个人和优秀行为进行表彰奖励,还要在相关各部门进行学习,发挥其模范作用。

该企业每年年初对上一年度的督查工作进行评比,依据评分情况分为"优秀""良好""一般""较差"这四个等次,在集团范围内通报评比结果。对优秀督查工作部门(单位)授予先进集体称号,对督查工作中的先进个人给予表彰,将在某些领域和项目中有突出贡献的团体和个人打造为榜样,向广大职工传播主流价值观念。

十一、年度重大事项督查要点及交办事项登记制度

年度重大督查要点及当年或近年内影响重大、进程较长、相对复杂的项目,所有相关工作要抓得紧,务必在提速上下足功夫,提高工作效益,可根据表3-2,进行落实填写。

表3-2　某大型国企年度重大事项督查落实情况格式表

序号	会议纪要	内容	督办处室	责任单位	责任人	配合单位	办理时限	落实进度

配套的交办事项登记制度,是进一步标准化、规范化责任的一种制度,以纸质或电子的文档形式,对事项交办的负责人、相关责任人给予明确的规

范。为保障集团内部的有序高速运转,提出三条原则性要求:及时迅速、落实到位、按时反馈。其中及时迅速是指各部门科室联络电话发生变更,要及时告知综合办公室,保障在生产经营过程中,带班领导联系畅通,及时掌握和处理相关的信息,确保在交办事项过程前后都能够第一时间进行处置。落实到位是指负责工作人员要确保交办事项不停留、不积压、不遗漏,全程掌握办理情况,确保"事事有回音,件件有落实",按时反馈及阶段性工作,办理完成后及时反馈至具体交办科室和人员。

第三节 督查制度体系运行

加速"13710"督查制度体系建设,保障"13710"督查制度体系平稳运行,不仅需要上文中所说的制度设计与建设,更需要配套的思想和机制等多方面、多层次深化改革,才能使"13710"督查制度体系真正运行起来。

一、建立督查小组,整合督查资源

1. 建设具有统筹力的核心督查督办小组

结合国有企业自身特点综合运用督查督办工作措施。各级督查督办是代表决策层工作的过程,要与各单位(部门)紧密配合,特别应与纪检督查、组织人事部门协调一致,全面推动落实国有企业发展规划,推动各级组织目标的充分实现。集团公司各级办公室或综合部门作为督查督办工作部门,应当坚持对督查小组或综合办公室绝对忠诚的政治品格,综合运用督促检查、组织协调、直接查办、直接汇报、情况通报、干部任免建议等手段措施,确保达到督查督办既定目标。

2. 坚持党组对集团督查工作的绝对领导

把督查工作的中心与党组工作重点结合起来,把督查工作作为党组抓工作落实的重要手段,积极争取党组的领导和支持,多请示,勤汇报,对一些重点、难点督查工作主动请求启动领导督查机制,借助领导力量开展督查工作,增强督查工作的实效。其次在借力上做文章。联合职能部门开展督查工作是一条行之有效的方法,职能部门具有专业知识强、底数清、情况明的优势,与之联合开展督查工作可以发挥优势互补的功效,发挥合力效应。再次在借人上做文章,有选择地在一些基层部门科室设立督查工作监测点,将基层员工的工作真实情况记录下来,反馈给督查小组或综合办公室,让这些监测点成为督查工作的耳目,保证督查工作的准确和有效。

3. 发挥体系优势

借助体系优势来形成督查合力,正如习近平总书记所强调:"现在要把着力点放到加强系统集成、协同高效上来,巩固和深化这些年来我们在解决体制性障碍、机制性梗阻、政策性创新方面取得的改革成果。"以制度和体系将外部审计、巡视巡查、纪检督查、监事会督查,与内部法律合规、风险管控、财务管理等,进行协同和信息共享,减少单打独斗现象(蒋静,2019)。

二、督查督办队伍建设,兼顾纯洁性与高水平

1. 提升督查人员综合素养,端正思想

首先,要提升各督查职能部门工作人员的专业素养。采取座谈会、交流会和专项培训的措施,有针对性地提升督查工作人员专业素养。其次,重点加强员工遵纪守法、廉洁奉公和责任意志的培养,牢固树立"大首办""大服务"意识,为首办首问制度提供人力支持。通过案例分析、专家讲座和警示教育基地参观等形式,强化员工责任意识,使其远离权、色、钱的诱惑,保持廉洁、正直的工作作风,在实施督查过程中,做到恪守职业操守,抵制不良歪风。特别是在约谈制度中,领导的交流和管理水平直接影响约谈的效果。

2. 渲染纯洁督查氛围,净化督查环境

以纯洁积极的企业气氛推动督查人员主动进步。不仅对运营决策者及

主要执行人员采取严肃问责制度,同时还应彻查相关部门及其他涉事人员,加强责任追究的准确性与全面性。对于被查问题,不仅要及时整改、跟踪督查,同时还应列入集团负面清单,定期回溯考察问题整改情况,避免问题履改履犯。在外部督查机制的建设过程中,应加强与社会媒体的积极沟通协作,通过宣传教育及引导等多种手段,提升社会大众在舆论督查权力上的行使意识和主动性,并通过外部投诉举报及建议投递渠道建设,帮助企业打造一个严格的内外部环境。

总的来说,督查是通过人做人的工作活动,有时候是督查者与被督查者智慧的较量。这就需要抓督查的人有相当的素质,具体来说就是:一要当好"检察员",督查是受命于党组及领导的行为,督查人员一方面要摆正自己的位置,保障工作"到位"而不"越位";另一方面要有"检察员"的威严和亲和力,不颐指气使,在威严中体现魅力,在亲和中把握关系,推动督查工作落到实处。二要当好"宣传员"。督查人员要加强相关理论学习,先行一步全面掌握每次督查的主题精神,在督查时能为被督查者解疑释惑。三是要当好"裁判员",敏锐的洞察力,能透过现象看本质,能辨伪识真。四是当好"协调员",对工作进度和效果能做恰如其分的计定,敢揭短处,善言长处,对事不对人,和谐完成督查工作。

三、加强集团企业文化建设,统一思想

1.树立员工责任意识

国有能源企业中,长期固化的工作流程,多层级管控方式,使企业工作办理效率不够高效。要改变这种现状,就要转变员工的思想,企业文化的建立能够很好地促进电力企业督查督办工作的进行,要重视企业文化建设,坚持"以人为本"的发展理念,让国有企业做到件件落实、事事反馈,提高工作人员的活力,以建设特色企业制度为目标。

2.树立员工创新意识,正确对待经济建设地位

正确处理督查督办工作与经济建设的关系要正确认识督查督办工作和经济建设之间的关系,不要进行概念分割。之所以进行督查督办工作就是为了促进国有企业的发展,解放生产力。另外,督查督办工作能够促进经济建设的有序发展,他们之间是相互促进的关系,通过这种关系的掌握,理清工作思路,正确指导实践,保证督查工作的灵活性和适用性,让督查工作落到实处。

3.培养榜样机制

企业文化建设是一个长期的过程,需要企业贴近职工、联系实际、深入生活,多方位营造良好文化氛围。学习国家"表彰行为",以"奖"和"彰"的方式来宣传企业核心价值观和前进方向,为增强员工责任意识、配合精神,扬起旗帜。

四、加强督查信息化,创新"平台+督查"模式

1.线上提醒与线下督办相结合

年度重点工作督办精确对照全年目标,对标任务清单展开梳理,进行任务分解和落实。见图3-9。

图3-9 双线督查图

线上利用协同督办可视化平台功能,开展任务立项、任务分解等工作;线下印发全年重点引领工作计划,形成全年重点工作思维导图。按需组织召开党委会推进重点督办,按月评价通报、以季度为单位兑现考核,线上线

下结合确保责任落实横向到边、纵向到底。工作推进管控。各部门、各单位对表对账公司目标任务报送落实情况,线上坚持与目标任务对表,与公司要求对标,全面体检各项工作落实情况,全面真实、客观准确反映工作进展、存在问题和工作建议。

2. 日常抽查与集中督查相结合

日常抽查是指由集团综合办公室牵头负责全程跟踪目标任务进展情况,统筹联动专项检查工作,责任处室具体组织对各单位报送的进展情况择项抽查核实。灵活采用面对面座谈访谈、上下核对、现场核实等方法,按照领导和党委安排或随机抽选核查工程项目。

集中督查:目标任务督查督办工作,每年全覆盖集中督查一至二次,实行年中、年末综合督查,年底全面督查。集中综合督查,以督查小组为单位,实行组长负责制。抽调人员组成督查组,组长由主要业务牵头部门和单位主要负责人担任。

3. 统一平台可视化业务处理

将核心任务分级审查立项:将核心内容、次核心内容和一般督查分为多个等级,使其内容与督办事项来源进行智能联动,通过勾选不同的督办事项来源,系统自动生成不同级别的督办事项,固化分级方式,提高立项准确度。对公司重要会议的工作部署,按照督办事项分级制度,对重点工作进行分级登记。集团综合办公室经会前关注、会中记录、会后请示,按照公司主要领导审查批示意见,快速立项,第一时间明确承办部门和单位,下达督办通知单。同时短信通知,将督办事项信息和要求告知牵头领导、牵头部门和协同部门负责人,以及落实单位负责人,短信收发日志可通过平台进行查询。推进计划管理:每一项督办任务在立项交办后,对照目标要求进行任务分解和指标量化,按月制订出工作计划,经部门负责人、分管领导逐级审批同意后,统一纳入公司督办事项,按节点计划开展督办工作,将任务分解为各个小环节输入系统,实现可视化连续性督查。

以一个统一界面直观展示领导关注各项工作进展情况。通过管控界面，公司领导可清晰掌握督办落实情况，第一时间查看短板事项，及时解决工作进展过程中的阻点、难点，一套数据多"应用"。协同督办可视化平台是为强化督查督办工作建立的工作平台。在数据交互、信息传输方面，实现了与统一权限目录、门户系统、绩效考核系统、消息平台的互联互通，通过多渠道、多层级的信息化工作方式，推动公司督查督办迈向高质量发展。一个平台促"升级"。协同督办可视化平台在数据融合方面进行了新的研究，旨在运用"大数据"推动"大督办"。通过对平台系统中各项工作数据的处理、分析与优化，及时发现工作中的不足和问题，以数据为支撑，系统开展调查督办、协调解决工作难点，使督办工作真正督在点子上，查在关键处，提高督办工作的主动性和前瞻性。

4.强化信息平台后台技术支撑和培训

收集、整理客户以及督查小组关注的咨询问题，充分运用营销信息系统和移动互联网技术，建"首问负责制知识支持及工作管控平台"，加大员工专题培训力度，实现对一线客户服务人员的知识支持，全过程管控首问负责制落实工作质量。对于客户咨询的问题，营业厅和现场服务的"首问责任人"，可通过办公电脑或手机微信随时调用首问负责制知识库，做到迅速、规范、准确答复客户。对超过"首问责任人"业务和首问负责制知识库范围的问题，"首问责任人"将客户咨询问题录入"首问负责制知识支持及工作管控平台"，系统将自动启动"首问责任首席值班员"和"首问责任专家"远程在线支持；对仍不能当即答复的复杂问题，系统自动生成《首问负责制转办单》，由"首问责任首席值班员"指派至承办部门办理。对于客户申请办理的用电业务，"首问责任人"在系统中形成《首问负责制电子工单》或《首问负责制转办单》，管控平台按业务时限和质量要求进行全程督办，向"首问责任人"反馈进度并发起客户回访。管理信息化水平提升能够更快更直接地获取经营活动中的问题数据，同时通过大数据分析及云会计计算及时分析问题原因并及时查找责任人,从而加快问责追责的质量与效率。同时,以信息化建设寻求结合项目本身寻找的改进措施,从而确保信息化并经下的问责追究能够落到实处,帮助国有企业经营和督查活动质量以及水平不断提升。

5. 完善配套单据

无论是电子或纸质版,都应对具体部门需求和要求进行具体问题具体分析,保障督查程序上的分定性和标准型。如:《首问负责制转办单》《首问负责制电子工单》等多种单据。

五、加强制度延伸,充分发挥督查作用

1. 深化督查评价结果运用

将督查结果与薪酬、选人评优评先挂钩。在美英日等发达国家政务督查工作中,将督查与绩效管理、预算管理、工作人员晋升等挂钩,是提升督查权威性的有效手段,使得督查后评价成果运用常态化、规范化、制度化,也就是将督查任务进行一定程度的延伸。评价结果纳入年度绩效考评作为优惠政策、财务费用等资源配置的依据,也可作为干部任免、评优评先等工作的参考,完善奖勤惩懒的激励约束机制。

2. 延伸督查后评价功能

结合 PDCA 循环管理方法,督查后评价不能止步于"评价",还要充分发挥督查服务领导决策、当好参谋助手的作用。通过开展督查后评价,深挖问题产生的主要原因,列出工作落实的问题清单、整改台账和完成时限,实时跟踪整改情况,不仅督促执行部门查缺补漏,更为今后开展督查工作积累经验,有效提高督查的精准度。重在后评价中发掘行之有效、值得借鉴推广的经验做法,提供行业交流借鉴,并在政策制定中予以采纳,起到督查一件、推动一片的效果。

六、动态制度体系建设

"13710"督查制度体系并不是一成不变的,需要根据不同时期,面临不同问题进行简单的调节。注重后评价结果运用,后评价是要在项目后期通过回顾整个项目,将结果进行发散,对行业内的经验进行总结,比较项目指标产生的差异,分析形成差异原因,尤其对今后同类项目的决策会提供很好的借鉴。

有效督查失误的风险,建立容错纠错机制。坚持"三个区分开来",结合行业特点制定尽职免责的细则,或以实际案例做出示范,最大限度地调动广大干部的积极性、主动性和创造性,鼓励在推动社会经济发展和促进深化改革中做贡献,由此实现"13710"督查制度体系的与时俱进,不断更新,形成动态制度体系。

第四章

构建明确的动态的"13710"督查责任体系

第一节　督查责任分析

一、督查责任追究

督查责任追究是指在督查过程中发现因不履行或者不当履行职责,致使工作推进不力、未达到预期目的,或造成集团公司较大经济损失及不良社会影响的各单位、各部门及其工作人员,追究其相应责任与处理。

二、督查的目的及特点

督查的目的在于指导,而指导的目的在于提高。因此督查只是手段,落实才是目的。概括来讲,督查的目的可以体现在以下三个方面。

(1)督查对象查找不足、补齐短板,打通政策落实的"最后一公里",确保各项党政决策部署得以贯彻落实,力破"中梗阻",确保政令畅通、令行禁止,推动各项决策部署和政策措施真正取得实效。

(2)要树立言必信、行必果的良好政风,杜绝遇到矛盾问题绕道走、碰到难题往后退的工作状态,必须做到守土有责、奋发有为。

(3)要对政策措施落实不力的相关责任单位和个人,严格责任追究、严肃追查问责、依法依规处理,必要时可以通报批评甚至给予行政处分。要想真正达到督查目的,督查工作者就必须动真格,必须通过真督实查,切实增强各级党政部门的责任意识、担当意识和大局意识,为全面建成小康社会提供坚强保障。

督查的特点如下。

(1)从督查的对象看,督促检查是推动决策落实的工作,不仅范围广、内容多,而且涉及面大,可以说,只要是需要解决问题的,都可以是督查的对象。

(2)从督查的表现形式看,督查事项都是有领导批示和领导机关的督查通知,并要求报告查处结果的,有些领导可能还会对上报的结果要求很严苛。同时这里也有一个时效性的特点,要求督查人员必须讲究效率,不失时机。

(3)从办理的方式看,以转办为主,不直接查办。但也有少数事项,督查部门可以协办或会办,以更好更快地完成该事项。

(4)从督查的内容看,一般都是比较重要或长期无人问津的疑难问题,也包括领导关心、社会关注的"敏感""热点"问题,这也体现了督查权威性的特点。

三、督查工作内容

督查办岗位职责、督查专员岗位职责。

(1)公正廉明,以强烈的责任心和端正务实的工作态度开展工作。

(2)协助总经理助理做好督查的具体事务性工作。包括收集和汇总督查资料巡检、考核、反馈、建议、整理、归档等情况。

(3)按照督查科的督查工作计划,每周、每月重点工作和工作总结(每日)的出台,组织实施日常工作。

(4)负责对各部门、各项目进行日常工作的督查:做好公司审查考核工作,处理员工奖惩事宜。

(5)负责周汇报,专项和反馈汇报起草、打印。

(6)负责督查报告及建议的起草、打印。

(7)具体负责月度周例会,员工大会当月工作检核结果的汇总、分析、整理工作。

(8)参与公司各部门相关方案或工作计划等需要督办、考核环节制订的讨论记录工作。

(9)负责督查事项的总结、整理、汇报及资料的归档工作。

(10)做好日工作总结,做到工作日清日结,每天下班前发至分管领导邮箱。

(11)周六审核各部门所递交工作总结以及制作本周巡查情况汇总表。

(12)每月月底前统计当月各部门工作遵章守纪、工作能力、廉洁自律等方面审核情况以及相关考核、建议、整改、反馈等资料汇总,重大事项予以公示通报。

(13)爱岗敬业、坚持服从上级领导的工作安排,保质保量完成任务。

(14)不找借口,提升工作执行力,不推诿、认真积极完成工作。

(15)负责本部门和相关部门协调、沟通工作。

四、督查责任追究情形

在督查过程中,发现有下列情形之一的,追究相关单位、部门或工作人员的责任。

(1)无正当理由拒绝、放弃、推诿工作任务的。

(2)不作为、不落实、假落实等影响工作整体推进的。

(3)不依照规定程序、权限推进工作,乱作为造成不良影响的。

(4)因工作措施不得力、行动迟缓,且未按规定办理延期申请,超过规定落实时限的。

(5)落实集团公司重要制度"棚架"的。

（6）报送的相关材料中存在重大错误、严重失实,虚报瞒报工作进度、成效的。

（7）工作中把关不严,或工作质量未达到要求,退回补办、重办后仍未达到要求的。

（8）未能如期报送办理情况,催办后仍未报送的。

（9）拒绝、阻碍督查人员开展督查的。

（10）无正当理由拒不接受或执行督查部门下达督查建议的。

（11）违反保密规定,对外泄露涉密性督查事项,或利用职务之便营私舞弊的。

（12）督查考核积分倒数后两位的。

（13）其他不履行或不当履行职责的情形。

五、督查责任工作原则

1. 依法依规原则

以党的路线、方针、政策和国家的法律、法规为准绳,正确行使督查权,严格按照政府督查有关制度规定开展督查工作,坚决杜绝不作为、慢作为、乱作为等行为。

2. 突出重点原则

重点围绕上级和本级人民政府重大决策、重点工作部署,上级和本级人民政府领导批示交办的重点事项等工作,严格按照本级人民政府明确的督查任务和年度制订的督查计划,认真开展督查活动。

3. 科学公正原则

坚持实事求是和客观公正,严格控制督查频次和时限,科学运用督查方式,严肃督查纪律。严格执行督查方案,不得随意扩大督查范围、变更督查对象和内容,不得干预督查对象的正常工作,严禁重复督查、多头督查、越权督查。

4.务求实效原则

坚持问题导向,强化责任落实,严格纪律规定,确保政令畅通。勇于担当作为,坚持真督实查,务求问题解决和工作落实,确保督查实效。

六、督查方式、流程及问责

1.督查方式

(1)要求督查对象自查、说明情况。

(2)听取督查对象汇报。

(3)开展检查、访谈、暗访。

(4)组织座谈、听证、统计、评估。

(5)调阅、复制与督查事项有关的资料。

(6)通过信函、电话、媒体等渠道收集线索。

(7)约谈督查对象负责人或者相关责任人。

(8)运用现代信息技术手段开展"互联网"督查。

2.督查流程

(1)确定督查事项。企业督查机构根据企业领导小组在职权范围内做出的指令,确定督查事项。也可根据工作实际提出督查工作建议,经领导小组组长批准后,确定督查事项。

(2)制订督查方案。对重点工作实施督查,应当制订督查方案,明确督查事项、内容、时间、对象、方式、要求等。

(3)下发督查通知。除实施暗访督查外,其余督查活动应当在开展督查前采取书面通知、电话通知等方式,提前通知相关部门,明确督查事项、内容、时间、对象、方式、要求等。

(4)组织督查培训。督查活动开展前,应当对督查人员进行相关培训,明确任务分工,学习政策规定,提出具体要求。

(5)实地督导检查。可采取听取汇报、检查、核查、访谈、暗访等方式,到实地查明情况,协调工作,督办落实。

(6)及时请示报告。督查过程中和督查结束后,通常采取书面、口头等方式,及时将有关情况向上级单位或领导报告,报告情况要事实清楚,表述准确,提出的建议要切实可行。对督查事项把握不准或需要上级决定的事项,要及时请示报告。

(7)反馈通报情况。督查工作结束后,应当做出督查结论,督查结论应当事实清楚、证据充分,与督查对象有关的督查结论应当向督查对象反馈。同时,重要的督查事项应当下发督查通报,重点通报工作落实情况,表扬先进,指出问题,批评鞭策落后部门或负责人,提出具体要求。

(8)持续跟踪问效。对列入督查的事项,结合工作进展,持续跟踪督查督办,直至最终落实和销号。

3. 督查执纪问责

督查工作中发现公职人员涉嫌职务违法或者职务犯罪的问题线索,企业督查机构应当移送督查机关、司法机关依法处理。企业督查机构及督查人员违反纪律规定的,对负有责任的领导人员和直接责任人员依法依规给予处理。对阻碍督查工作、隐瞒实情、弄虚作假等涉及的督查对象及其工作人员,由企业督查机构责令改正;情节严重的,依法依规追究责任。

为提高企业督查执行力,对督查对象不作为、慢作为或工作推进不力等现象,市政府实行三级督查问责机制。

(1)一级拟问责。对工作行动迟缓、推诿扯皮、弄虚作假或未在规定时限内完成工作任务的相关单位及责任人,由企业领导小组提出督办意见,经企业领导小组组长签批同意后,对相关部门下达一级拟问责《督查通知》,提出批评,指出问题,明确整改要求及完成时限。

(2)二级拟问责。对一级拟问责后仍行动迟缓或仍未在规定时限内完成工作任务的相关单位及责任人,由企业领导小组提出督办意见,经企业领导小组组长签批同意后,对相关单位下达二级拟问责《督查通知》,对相关单位负责人或责任人进行约谈,并视情通报批评,明确整改要求及完成时限。

(3)三级问责。对二级问责后仍不作为、慢作为或未按时完成工作任务的相关部门及责任人,由企业领导小组提出问责建议,经企业领导小组组长签批同意后,移交督查小组问责调查。

七、督查责任流程

国有企业的督查责任流程一般是相关机关部室提出问责要求,并建议将督查转交企业办公室,同时企业纪检监察部门对问责事宜进行核查,提出具体问责意见报企业督查委办公室。企业督查委员会对问责事宜进行审议,若以上问责事宜属于不当问责,则返回督查办公室重新办理。若以上问责事宜属实,则提交有关部门实施问责具体处理,并将结果反馈至督查委办公室进行报备,最后将处理结果抄送企业纪委、监察部门、党委组织部、人力资源部,并根据情节进行企业内部通报。国有企业督查责任流程具体见图4-1。

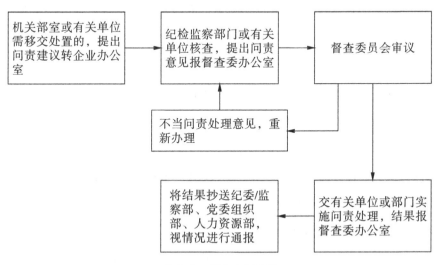

图4-1　督查责任流程

八、必须强化督查结果应用

督查工作的权威是领导,尤其是"一把手"授予的,做好督查工作,党政领导支持很关键。相反,如若"一把手"不重视或少重视督查工作,不注重督查结果运用,则督查权威必将严重受损。如果督查部门的权威性不高,责任单位配合督查工作时必然会打折扣,同样的,责任单位对督查落实事项也不会太重视,这样"一把手"很难看到督查工作出成绩,便更不会重视督查工作,从而继续削弱督查权威,这将使督查工作陷入越来越差的恶性循环。

必须进一步加大督查问责力度,将督查结果作为评奖评优、提拔任用和年终考核的重要依据,必须直接和领导干部的个人得失挂钩,以充分调动其主观能动性。督查部门应在定期的督查通报中,及时通报相关单位和个人存在的问题和不足,对明显落后序时进度的单位和个人,要明确点出。对工作中发现的问题及时高效跟踪督查,对不能扎实抓落实的责任单位和个人,要责令各个部门表态发言,以增强督查工作权威性。

第二节　动态的"13710"督查责任体系构建

"13710"督查责任体系要求,以习近平新时代中国特色社会主义思想为指导,深入贯彻落实习近平总书记重要讲话和指示精神,认真落实党中央国务院、省委省政府和市委市政府重大决策部署,按照各级领导干部都是抓落实责任主体的要求,践行行动迅速、善抓落实、高质高效、勇争一流工作准则,突出问题导向、目标导向、结果导向、效率导向,健全"明责、履责、督责、追责"闭环落实机制,全面提升各级执行力和落实力,确保各项决策部署条条落实、件件落地、事事见效,为打造新兴区域经济中心、加快河南省高质量跨越发展提供坚强保障。

方案要求，把高效闭环、抢抓落实作为开展工作的主要方式，牢固树立"今天再晚也是早，明天再早也是晚"的工作理念，全面推行"13710"工作制度，做到任务第一时间明确、不推诿扯皮，要求第一时间讲明、不模棱两可，工作第一时间跟进、不拖泥带水，结果第一时间反馈、不耽搁延误。为此，该企业构建了动态的"13710"督查责任体系——立项明确、交办及时、聚类催办、跟踪调研、严格审办、如期反馈。

一、立项明确

立项主体兼为督办主体，结合系统全程督办，确保每一事项见人见事、见根见果。未按时落实或落实不力的承办单位，系统自动预警督促，或由督办主体进行电话催办、跟踪督查。事项立项前，须书面报经主要负责人同意。由集团公司各个工作领导小组的组长负责交办事项的立项。

二、交办及时

逐月反馈：重点工作任务的落实主体每月底前要将本月的落实进展情况通过系统进行反馈。在月底没有反馈的事项，由系统从下月1日开始，每日8时、15时分别催办一次，连续提醒2日，仍未反馈的由立项主体催办。超过时限2日未上报的事项，交由省政府督查室核查问责。

季度小结：重点工作任务的落实主体在每季度最后一个工作日（第四季度提前一周）分别将第一季度、上半年、第三季度、全年工作进展落实情况书面报告立项主体，由立项主体呈报给组长、副组长检查无误后，递交给组长总结。

销号清零：所有事项根据计划进度销号清零，做到件件有结果。

三、聚类催办

督办系统对需落实的事项和解决的问题进行自动跟踪。对未按规定时限办理的事项,实行系统自动预警管理。超过 1 天的,系统将第 1 次自动预警;超过 2 天的,第 2 次自动预警,并由省投促局电话催办;超过 3 天的,第 3 次自动预警,报省商务厅主要负责人协调办理,仍难以推动落实的,报省政府办公厅由省政府督查室予以推动。预警信息通过短信自动发送给牵头责任单位、配合责任单位主要负责人和工作联系人。

四、跟踪调研

对情况复杂、需要较长时间才能办结的重要事项,国有企业各级办公室或综合部门应实施动态跟踪,掌握全程进展情况。对重大决策和重要工作部署,必要时可组织检查组进行实地督查督办。国有企业各级办公室或综合部门应根据决策实施的进展情况,深入调研工作落实中的热点、难点问题,深入剖析成因,全面掌握关键节点,写出有针对性的调研报告,为本级国有企业决策层提供高附加值的决策依据,促进决策事项不折不扣地落实。

五、严格审办

承办部门应按时向领导小组提交办结报告。办结报告经领导小组初步审核,并经组长审阅同意后,即可进入反馈结案坏节;若办理结果术能达到既定目标要求,则应提出工作建议,并退回承办部门重办、补办。并且企业制定了相应的考核评价、评优奖励、追责问责体系,对各小组进行严格审查办理。"13710"督查体系必须包含并逐步完善督查工作考核体系,应结合年度督查基本情况,尝试建立督促检查考核的问责联动机制,加大问责力度,切实强化督促检查结果的综合应用。对工作推进乏力、敷衍塞责、推诿扯皮等严重影响督查工作推进的相关责任人,必要时可以移交纪检督查部门依法依规处理。

考核评价:实行年度考核制,每年 12 月份由立项单位对涉及的部门和单位工作落实情况进行考核评价。按考核结果,分优秀、良好、合格、不合格 4

个等级进行分类排队,并将评价情况报分组长。

评优奖励:对督办工作落实有力、办理及时、经年度考核评定为优秀等次的部门或单位,省经信委报送省政府,按相关规定给予奖励。

追责问责:对落实措施不得力、组织不到位、责任不衔接、作风不扎实,以及弄虚作假、效能低下、失职渎职等行政不作为、慢作为、乱作为的责任单位和责任人,按照相关规定,严肃追责问责。

六、如期反馈

督查督办事项结案后,企业各级办公室或综合部门应按照"事事有结果、件件有回音"的工作要求,如期做好反馈。承办小组按照时间节点向领导小组办公室上报事项落实情况,报送内容必须经小组主要领导审核同意。承办小组逾期2小时未报送事项落实情况的,平台自动发送1次催办短信,之后每24小时再发送1次催办短信,直到报送为止。对逾期2天仍未反馈落实情况的,由领导小组办公室视情开展人工督办、实地督办。"13710"督查体系是一个涵盖政府、企业的各部门的督查体系,它是对政府和企业确定的各项重要决策部署的全方位、大纵深和全过程的督查。按照决策部署是否尚未执行、是否已经执行和是否已经执行完成这一标准,将"13710"督查体系流程划分为事前、事中和事后三个督查环节。

(1)事前督查。事前督查主要是加强责任单位前期对决策部署的执行计划的督查,主要是要确保计划的科学性、合理性和可实施性。包括项目立项和下发督查通知等重要环节。

(2)事中督查。事中督查是实现"大督查"体系全程督查的关键环节。主要是集中人力、物力和财力,对照序时进度,对责任单位贯彻落实决策部署情况进行日常督查、对重要时间节点进行重点督查、及时对责任单位贯彻落实决策部署过程中出现的问题进行督办整改。重点包括督查检查和结果反馈等环节。

（3）事后督查。事后督查是一个审核呈报环节。主要是依照相关法律法规以及决策部署的贯彻执行情况，对相关责任单位和责任人进行审查，及时发现其可能存在的各种问题，切实保障重要决策部署的贯彻执行。

七、督查工作制度

1. 计划制度

企业各部门每年要制订年度督查计划，由企业各个督查领导小组具体负责，科学安排年度督查重点事项，并报本级党委和上级人民政府审核备案。

2. 台账制度

列入企业督查的重点工作，通常应建立工作台账，细化明确督查事项、目标任务、措施要求、责任单位、责任人、进展落实情况等内容，为掌握进度和推进落实提供依据。

3. 交办制度

列入企业督查的重点工作，通常在任务确定后及时进行交办，分解和明确任务责任，提出工作要求。

4. 报告制度

对列入企业督查的重点工作实行定期和不定期报告。定期报告是根据不同事项的性质或企业领导要求分别实施日报告、周报告、月报告、季报告、年报告等；不定期报告是根据企业主要领导的要求，对单项具体工作或临时交办的督查事项，实行督查后及时报告。报告内容应事实清楚、客观公正、表述准确、简明扼要，通常一事一报。

5. 通报制度

对列入政府督查的重点工作实行定期通报，根据不同事项性质分别实施日通报、周通报、月通报、季通报、年通报等；对单项具体工作或临时交办的督查事项，实行督查后及时通报。通报内容应事实清楚、客观公正、表述准确、简明扼要,重点通报工作落实情况,表扬先进,指出问题,提出要求。

6.销号制度

对列入企业督查的各项重点工作实行销号管理,结合工作台账,按时间节点推进,及时提醒督促,问题解决或工作任务全面完成后及时逐一销号。

7.问效制度

对列入政府督查的重点工作和事项,持续跟踪督查,直至问题圆满解决和工作任务全面保质保量完成,确保工作实效;对工作推进中不作为、慢作为、乱作为或推进不力等相关单位及责任人,按有关纪律规定和程序实施追责问责。

8.培训制度

应加强企业督查机构及相关人员在职培训,主要采取在岗学习、短期培训、外出考察学习、以工代训等方式,提高政府督查人员综合素质。其中,主要领导小组每年可集中组织 1~2 次政府督查工作业务培训,培训对象主要为企业督查小组人员和相关人员;培训内容重点是学习政策规定、业务知识、业务技能,开展经验交流和实地观摩;培训方式可在企业内集中组织,也可利用省内党校、高校资源统一集中组织。

9.保密制度

严格按照保密工作有关规定要求,对涉密文件资料专人负责管理,认真落实密级文件资料办理、传阅、登记、归档等管理制度,严禁随意复印、发送密级文件资料;严禁随意传播、泄漏涉密事项。

八、督查责任体系要求

1.是规范权力运行的内在要求

督查工作的特殊性质要求督查工作者在工作中必须勇于动真碰硬。但在实际督查过程中,督查工作往往存在"弱、乱、拖"的问题。"弱",首先表现为督查工作者怕得罪责任部门,特别是怕得罪责任部门的领导,从而影响自身以后的提拔晋升等,存在"不敢督""形式督"等问题;"乱",是"13710"督查体系构建前,存在多种不同的督查部门,这些部门之间很少沟通合作,或者即使开展了"联合督查",也大多是"貌合神离",不能形成统一规范的秩序,极易使督查工作陷入"孤军奋战"的困境;"拖"主要是指督查部门往往缺乏积极性,不愿主动深入实际,真督实查,停留于"电话督查"和"汇报督查"等传统形式,此外关于督查结果的上报往往"不紧不慢""能拖则拖",很难切实发挥以督查促进落实的作用。督查工作对决策部署执行的督查推进不到位,必然导致责任单位权力运行的失控,从而导致决策部署执行的不到位。因此,改革督查机制,构建"13710"督查体系,促进督查工作更加科学化和规范化,是规范权力运行的内在要求。

2. 是全面深化改革的内在要求

在全面深化改革进程中,督查显得尤为重要,如果督查节奏跟不上改革步伐,每一步都选择回避困难,而不是迎难而上,破解难题,那么党委政府的决策部署就很难落实到位,尤其是那些需要主动创新的改革方案只能成为一纸空文。俗话说,"磨刀不误砍柴工"。全面深化改革的首要之事便是要改革督查工作,构建"13710"督查体系,积极开展党员领导干部队伍作风建设,充分调动各级党员领导干部工作的积极性,努力形成企业领导勇于担当、党员干部拼于进取的良性局面。

九、选优配强督查队伍

做好督查工作,关键在人。县级层面的督查属于基层督查,工作内容广泛、任务艰巨、要求精细,其工作人员的个人素质、工作作风、吃苦精神在一定程度上决定着整个督查工作水平的高低。因此选优配强督查队伍至关重要。

优化督查人员结构。习近平总书记在浙江省委工作期间曾说:"督查机构建设很重要,要按照责权相称、精干高效、运转灵活、协调一致的原则,进一步配齐配强各级党委督查机构。"因此应充分考虑政治思想坚定、作风扎实、业务素质高、年龄、学历和专业等各种因素,合理配备督查队伍,做到不超、不少。要真正打造一支想方设法、千方百计完成本职工作,一支勤于思考、善于发现问题,一支齐心协力、高执行力的督查队伍。

注重作风转变。切实转变工作作风,是提升党政执行力的重要保证,是督查事项贯彻落实的保证。督查工作人员需要"走出去""沉下去",真实了解基层工作员工的疾苦,敢于碰硬,敢啃硬骨头,真正为民分忧。督查工作人员一定要养成实事求是的工作作风,踏实负责地做好每一件事;一定要养成敢于较真的工作作风,必须直击本质,"一针见血"地开展工作;一定要养成严谨细致,务求高效的工作作风,避免工作失误和纰漏,保障督查工作质量,确保督查事项经得起法律法规以及历史的考验。此外,督查工作者还必须贯彻廉洁督查要求,始终做到"四个绝不":绝不接受督查对象的任何邀请、绝不接受督查对象的任何馈赠、绝不提和督查无关的其他要求、绝不出席任何潜在影响督查公平的活动。

切实抓好业务培训。毛泽东同志曾说过,"没有调查研究,就没有发言权",督查工作的业务提升都是在实践中锻炼、感悟出来的,必须通过督查实践,不断提升自身熟练运用业务的能力。当然也离不开必要的业务学习,督查工作涉及内容广泛,需要各行各业的专业知识作为支撑,例如国土、建设、供电、交通、水利等工程建设的审批流程等都需要督查工作者熟练掌握。同时由于督查工作人员流动较快,对新入行人员的初任培训显得尤为重要,要尽快让新人熟悉督查工作的内容、方法、程序等,全面提升督查人员的综合素质。此外,提升督查工作业务能力还离不开外出学习,督查工作是一项新兴工作,必须加强和其他先进地区的督查同仁们的交流,学习借鉴别人的先进经验,努力武装自己,从而积极适应工作需要,创造出更多的成绩。要着力培养、提升督查工作人员的理论概括能力、灵敏反映能力、推进落实能力、综合协调能力和科学管理能力等五个能力,提升督查工作人员围绕中心、服务大局意识;立党为公、执政为民意识;与时俱进、开拓创新意识,真正打造一支能推动企业政策落实的铁军。

十、保障措施

1.强化政治意识

各领导小组、各部门要切实把思想和行动统一到"13710"工作制度上来,把"13710"的制度、理念、作风、精神贯穿到工作各领域各方面各环节,主要负责的领导小组要发挥"头雁效应",全企业上下要强化"一盘棋"意识,营造抓紧每一天、干好每件事的浓厚氛围,形成一级抓一级、层层抓落实的良好局面,协同推动各项工作落地见效。

2.明确落实责任

各领导小组、各部门是落实"13710"工作制度的主体。纳入督办事项的重要任务,承办部门主要负责同志为第一责任人,分管副职为直接责任人。第一责任人对政府以及企业内的重大决策、重要部署、重点工作要亲自研究落实,协调解决有关问题,及时报告办理结果。具体工作要有专人负责,指定一名联络员,负责做好本领导小组、本部门办理事项的接收和报送工作。

3.认真履职尽责

督办事项办理严格按照"立项—交办—落实—督办—反馈—办结"的工作流程进行。责任主体要主动作为,认真抓好督办事项的研究部署,按照"13710"时间节点及时反馈办理情况,以有力措施推动督办事项按时办结。要力戒形式主义、官僚主义,干实事、报实情、求实效,不打折扣、不搞变通,杜绝敷衍塞责、草率应付。要严格依法办事、依法行政,确保各项决策部署落实依法合规。

4.严格责任追究

对"13710"工作制度执行过程中出现的推诿扯皮、弄虚作假、效能低下等不作为、慢作为、乱作为行为,情节较轻的责令责任单位和责任人做出书面检查或对其进行督查约谈;情节较重或因失职失责造成重大损失、重大事故和恶劣影响的,由县纪委监委、县委组织部按照有关规定对责任单位和责任人严肃追责问责。

第三节　督查责任体系运行

为贯彻落实党的十九大关于"增强狠抓落实本领""以钉钉子精神做实做细做好各项工作"的要求,强化"基层组织、基础工作、基本能力"建设,进一步提高政府系统效能效率,确保市委、市政府各项决策部署落到实处,加快河南建设,按照落实"13710"工作制度要求,结合去年以来的实践,按照省《"豫快办"督办平台使用管理办法(试行)》进行管理。为进一步强化该企业公司总部绩效考核管理,充分发挥考核激励导向作用,突出能力素质和工作实绩,坚持收入与贡献相匹配、选人用人与贡献相结合原则,实施差异化激励机制,实现多劳多得,切实调动总部员工积极性、提高工作效率,根据深化国有企业改革实际需要,按照任期制和契约化管理要求,结合集团公司年度重点工作安排和深化改革工作实施方案,制定本考核办法(附件12)。并结合《×××总部机关模拟年薪管理办法(试行)》的考核结果应用于机关各部室薪酬核算。

一、督查委员会主要职责

(1)负责贯彻落实上级和集团公司关于督查工作的精神、决策、政策等。

(2)负责全面督促检查集团公司重大决策部署贯彻、执行和落实情况。

(3)负责督查机构设置、体制构建、机制优化、制度建设、流程设计、计划制订等工作。

(4)负责召开督查委员会会议、督查工作会议、督查联席会议等会议,听取各单位、各部门督查工作开展情况,协调解决督查工作中的问题。

(5)负责督查队伍管理,组织督查工作人员培训,对督查人员选任、交流提出意见建议。

(6)负责集团公司交办的其他督查范畴事项。

二、本办法适用的考核对象、内容及方式

1.考核对象

本考核办法适用于集团公司各部室,事业部、共享中心、平台公司参照本办法执行。

2.考核内容

对各部室的考核分为共性指标考核及部室专项指标考核。

共性考核指标:包括集团公司安全、利润、营业收入三项指标。

部室专项考核指标:根据集团公司重点工作、重点任务,结合部门所分管业务,设定3~7项可量化指标(附件2)。党建、清欠、亏损源治理、双预控体系建设、环保稳定等重点工作要根据分工纳入考核内容。部室专项考核指标中加分项每个单项指标不得超过2分,合计加分不得超过5分,其中:对省级主管部门、国家级行业协会表彰每次加1分、国家级(不含协会)表彰每次加2分。加分项目需经分管领导及主要领导签字后报绩效考核办公室(附件6)。按照"执行力建设年"要求,对纳入督查督办系统及下发督查通报的重点督办事项,工作进度上报不及时的,对责任部门每次扣0.2分;因工作开展不力,被上级部门或者集团公司领导点名批评的,对责任部门每次扣0.5分;对执行力强、事项跟踪落实到位、及时上报进展、高效办结的,每次加0.2分;得到上级部门及领导表扬的,每次加0.5分,具体奖罚情况以通报为准,奖罚分纳入当季度考核结果。

3.考核方式

考核实行月度盘点、季度总结、年度测评相结合的方式。

（1）月度盘点。领导小组办公室每月对督办事项进展情况进行盘点对账，全面了解掌握工作进度，适时开展实地督导，并以《督查通报》、媒体曝光等方式推动工作开展。

（2）季度总结。领导小组每季度末组织召开一次工作总结会，通报本季度督办事项完成情况，安排下季度督办事项具体任务，对落实较好的单位进行通报表扬；对落实不力的单位进行通报批评，责令分管领导作检讨发言。

（3）年度测评。由领导小组办公室牵头，于每年年底，分别对督办事项相关责任部门进行考核测评，将考核测评结果作为评定责任部门工作业绩的重要指标，纳入集团公司企业年度综合考核。

三、成立领导小组，加强对考核工作组织领导

领导小组对各部室年度绩效考核目标提出要求、建议，对绩效考核管理进行指导、督查；积极完善绩效考核管理，综合权衡绩效考核结果；有权对绩效考核结果认定与仲裁。

领导小组下设办公室，成员由领导小组相关部室业务人员组成。考核办公室具体负责机关部室绩效考核的组织实施及督查、督办。

根据责任分工，考核领导组下设两个专业组。

1. 综合考核评价组

由综合办公室牵头，会同领导小组成员部室，负责绩效考核综合协调及督导工作。结合各部室的考核指标包括共性指标、专项考核指标，按照考核办法对各部室进行考核。

2. 考核结果应用组

人力资源部负责绩效考核结果在薪酬奖罚的兑现，根据绩效考核结果，对相应部室、个人进行薪酬奖罚兑现等结果应用。结合"市场化选聘、契约化管理、人本化激励、共性化督查"选人用人模式要求，党委组织部牵头，会

同纪委督查部、工会等部门将各部室绩效考核目标完成情况、考核结果、年度测评结果作为选人用人、评选先进的重要依据,强化考核结果运用。

四、明确考核程序,严格执行考核标准

各部门根据集团公司下发的绩效考核指标,采取部门自评和总体考核相结合的方式进行考核,考核实行季度考评、年度测评,可具体量化的指标按照季度考核,指标中周期较长的工作按照业务部门所报工作进度进行考核,年底考核完成的视为完成。有上级部门考核的,上级部门的考核结果作为考核指标纳入考核。

1. 季度考评

每季度的首月,各单位根据绩效考核指标自行对上一季度工作进行自评,自评结果经部室负责人批准后(附件3),于当季度首月5日前通过OA系统汇交至考核办公室(督查办)。考核办公室对各项考核结果进行审核汇总后,每季度由绩效考核办公室(督查办)牵头,会同领导小组成员部室,对照考核指标,对各单位上季度工作完成情况进行综合考评,第四季度综合考评和年度测评一并进行。考评结果汇总后于当季度首月10日前报绩效考核领导小组,并对结果进行反馈(附件4),考核结果应用于下一季度的薪酬兑现。

2. 年度测评

年底在季度考评的基础上,实行集团领导班子评价、部门互评与基层单位评价相结合的方式进行测评,对机关部室的年度测评得分由四个部分组成(附件5)。

年度测评得分=主要领导打分(平均分)×20%+分管领导打分(平均分)×20%+机关部室互评分(平均分)×20%+基层单位打分(平均分)×40%

五、强化考核结果运用,发挥导向作用

建立完善相关制度,强化绩效考核结果薪酬及组织运用,切实发挥好绩

效考核的导向作用。

1.绩效考核结果与薪酬兑现挂钩

结合《×××总部机关模拟年薪管理办法(试行)》要求,将考核结果应用于机关各部室薪酬核算。

(1)月度薪酬核算

月度薪酬=月度基本薪酬(基本年薪部分)+月度绩效薪酬基数×上季度绩效综合考评系数

季度绩效综合考评系数=季度共性指标考核系数×40%+季度专项指标考核系数×60%

(2)年度薪酬通算

年度通算薪酬={基本年薪+月度绩效薪酬基数总额×年度绩效指标考核系数+年度综合绩效薪酬基数×年度测评系数}×(1+工资增长系数)+专项考核奖罚

年度绩效综合考评系数=年度共性指标考核系数×40%+年度专项指标考核系数×60%

(3)绩效考核系数

1)共性指标考核系数:共性指标考核系数=共性指标考核得分/100。

共性指标考核系数按最高1.2、最低0.8,实行封顶保底。

2)专项指标考核系数:以90分为基准分,对应考核系数为1.0。实际考核得分在基准分基础上每加(减)1分(不足1分的按四舍五入计算),考核系数对应加(减)0.02。

总助、副总师参照协管部室的平均系数确定。

3)年度测评系数:年度测评分数排前三名的,对应年度测评系数分别为1.05、1.03、1.01;排后三名的,对应年度测评系数分别为0.95、0.97、0.99;其他按1.0确定。

（4）绩效薪酬二次分配

集团总部执行模拟年薪的人员，其绩效薪酬（包含月度绩效薪酬和年度综合绩效薪酬）实行全额二次分配，其中部室负责人及以上人员不参与二次分配。具体分配程序为：

1）人力资源部依据各部室绩效考核结果，每月 10 日前核算各部室二次分配绩效薪酬总包，并通过集团办公网邮件反馈至各部室负责人。

2）各部室在不超过绩效薪酬总包范围内，按照本部室绩效薪酬分配方案（需报人力资源部备案）进行二次分配，分配明细表（附件 8）经部室负责人签字盖章后，于每月 15 日前送交人力资源部。

3）人力资源部对各部室二次分配明细进行复核，确认金额无误后造表发放。

2. 加强绩效考核在评先评优、选人用人方面运用

对年度考核排名前三的部室在评优评先时增加名额，排名末位（后三位）的，进行"亮黄牌"警告，取消评先资格，对年度考核排名靠前的部室人员，在干部调整提拔上优先考虑，按照市场化选聘、契约化管理及任期制管理的要求，对连续两年排名后三位的，由组织部门和纪检督查部门对部室负责人进行诫勉谈话直至解除聘任。

六、绩效考核相关要求

（1）机关绩效考核是深化国企改革的重要举措，各部室要提高认识，部室负责人作为本部室绩效考核的第一责任人，要高度重视，迅速行动，明确专人作为本部室绩效考核联系人，按照工作职责和集团公司相关规定，强化管理，严格履行各自职责，落实管理责任，充分发挥部室职能，确保各项工作落到实处。

（2）各部室于本办法下发后 15 个工作日内，按要求细化本单位考核指标，做到人人头上有指标、人人头上有考核，细化指标考核方案经分管领导

签字确认后,报考核领导小组办公室备案。未及时细化考核指标或未按规定进行自行考核的部室,在季度绩效考核中一次性扣3分。

(3)绩效考核办公室要结合集团公司实际情况和各时期重点工作,组织机关各部室及时对考核内容进行修订完善,经绩效考核领导小组审批后执行。

(4)各部室对考核结果有异议的,有权向考核办公室了解情况。

七、"13710"督查体系运行评价方法

确定"13710"督查体系的评价指标,最重要的是坚持专家评审和员工参与并重的原则。评价指标的确定不仅需要从事督查工作的专家学者从理论和实务两个方面提出专业建议,更需要广泛征求员工意见,提升评价指标的科学性。员工的广泛参与,也是基层员工"自下而上"督查和督查部门"自上而下"督查模式的有效沟通过程,更有利于集团内部的和谐稳定,如表4-1所示。

该评价体系侧重对形象进度及部署执行情况的打分,这也是督查工作的导向性作用所在,督查的目的就是落实。该评价体系的总分为100分,得分越高说明形象进度及部署执行的情况越好,反之则差。形象进度主要是通过是否达序时来确定,分值为30分,需完全按序时推进。每滞后15天,扣2分。无特殊原因进度不达要求的,每个事项扣5分,直至扣完。对于暂时无实质性进展的事项,且确有原因的,经领导核准可以不参加上半年考核,但必须参加三季度及以后的考核,本项可以得10分。部署执行的分值也为30分,主要考量被督查单位的决策部署执行情况,完全按要求执行的得满分,每逾期1天,扣3分;每被催办一次,扣5分。质量不符合要求重报的,每逾期1天,扣2分。该项扣分超过15分的,说明该被督查单位决策部署执行情况很差,将取消当年所有督查事项的评奖评优资格。

表4-1 "13710"督查体系的评价内容及分值

		评价内容	基本分值	备注
事项管理（40分）	1	各督查事项推进责任体系健全	5	必须以文件形式确定责任体系,且单位主要领导为组长
	2	各督查事项推进计划、序时进度明确	10	凡序时进度没有具体到月的,视情节严重程度,一般的扣2分,并责令限期调整。严重的扣5分,并责令限期调整,预期未调整好的,取消该责任单位当年评奖评优资格
	3	各督查事项手续资料完备	10	要求各项台账资料完整规范,有独立档案盒、档案柜存放。督查部门不定期检查,一次不合格的扣5分,两次不合格的扣10分,同时取消该责任单位当年评奖评优资格
	4	配备专门的督查联络员	5	联络员需专人专职,爱岗敬业,及时高效反馈各类督查事项信息。若联络员不能履行职责的,需及时更换
	5	定期报送各类督查信息	10	承办事项未及时上报的,一次扣1分。上报内容与实际不符的,视情节严重程度,一般的一次扣1分,情节严重的,此项不得分
形象进度及部署执行（60分）	1	是否达序时进度情况	30	需完全按序时推进。每滞后15天,扣2分。无特殊原因进度不达要求的,每个事项扣5分,直至扣完
	2	决策部署执行情况	30	对于暂时无实质性进展的事项,且确有原因的,经领导核准可以不参加上半年考核,但必须参加三季度及以后的考核。本项可以得10分。每逾期1天,扣3分。每被催办一次,扣5分。质量不符合要求,重报的,每逾期1天,扣2分

事项管理则是侧重各种基础性工作,分值设置为40分,主要包括五个子项目,分别是各督查事项推进责任体系健全,分值为5分,要求各责任单位必

须以文件形式确定责任体系,且单位主要领导为组长。各督查事项推进计划、序时进度是否明确,分值为10分,所有被督查事项都要求责任单位明确推进计划及序时进度,凡序时进度没有具体到月的,视情节严重程度,一般的扣2分,并责令限期调整;严重的扣5分,并责令限期调整;预期未调整好的,取消该责任单位当年评奖评优资格。各督查事项手续资料完备,分值为10分,要求各项台账资料完整规范,有独立档案盒、档案柜存放,督查部门不定期检查,一次不合格的扣5分,两次不合格的扣10分,同时取消该责任单位当年评奖评优资格。配备专门的督查联络员,分值为5分,要求各责任单位必须配备专职联络员,需专人专岗,爱岗敬业,及时高效反馈各类督查事项信息;若联络员不能履行职责的,需及时更换。定期报送各类督查信息,分值为10分,要求各联络员及时上报各类信息,承办事项未及时上报的,一次扣1分;上报内容与实际不符的,视情节严重程度,一般的一次扣1分,情节严重的,此项不得分。

为切实发挥以督查推进工作的作用,对于得分较低的责任单位,应该是督查的重中之重,只有这样,才能真正发挥督查效力,才能真正为全面建成小康社会添砖加瓦。

第五章

优化完善闭环合理的"13710"督查流程

第一节　流程基本问题分析

一、现有工作模式及分析

近年来,国有企业由于自身组织复杂、规模庞大、享有国家政策支持,纷纷暴露出组织尾大不掉、受市场作用小等问题;在管理中也显露出管理理念落后、成本观念单薄、运营效率较低、成本控制手段单一、安全意识薄弱等问题。为此,许多国有企业开展了针对集团内部管理的效能督查工作,力图通过科学方法改革管理理念,制定标准化流程来减少非经营性成本、缩减冗余部门,进一步提高企业的管理水平。开展企业效能督查工作不是单纯的规范企业运营机制,防止违规违纪行为,从某种意义上讲,国企开展效能督查工作也是一种提升生产力的手段。

某电网集团通过对自身的审视,着重从成本角度出发,大力推广企业成本管理效能督查办法与保障措施,制定了适应自己的一套督查流程。作为企业内部管理系统督查环节,管理者认为效能督查应以提高企业的经济效益为中心、以降低企业生产经营成本、建立具有高效激励的管理机制为基本点而开展工作(林莉,2009)。据此,公司管理人员设计了新形势下电力企业效能督查工作的开展方式,提出了以效能督查促进企业成本管理的思路,并严格依照流程实施督查,最终有效降低企业成本,实现了既定目标。冯荆涛(2001)则是依照以上研究路径,将企业成本细化成外部成本与内部成本,优化了督查流程,让督查更具针对性,有效控制了企业的内部运行成本。

而某工程局常年负责更为复杂的国家建设项目,为了提升企业运行效率、加强企业的基础管理,该局决定从班组入手改革,制定一套以"班组"为出发点的督查流程。这是因为班组作为企业最基本的组织单元,在这项工程中有其特殊的地位:班组是企业从事生产经营活动或管理工作最基层的组织单元,是激发职工活力的细胞,是提升企业管理水平,构建和谐企业的落脚点,又是搞好两个文明建设的前沿阵地。所以集团就从班组建设入手来探讨企业的经营管理问题,通过"选班长""定制度""树典型""立模范""给奖惩""重督查"等手段强化基层班组建设,从底层出发优化集团管理,进而改进企业运行机制,通过这个自下而上的改革,企业面貌焕然一新,员工更有干劲,组织更具活力,引得其他企业纷纷效仿(章钦铄,2009)。某地海事局摆脱现有思维束缚,从"预控式"角度出发,建立有效的督查机制与督查流程。这是因为"预控式"监管模式有效落实的关键在于配套的海事执法资源督查保障体系,而合理的督查流程能够优化各环节。该海事局分析了"预控式"监管对督查保障的要求,接着采用鱼刺图方法从技术性风险、管理性风险以及执法性风险方面分析和构建了海事执法督查机制,为下一步"预控式"海事执法资源的优化配置和保障机制建设提供理论支撑(谷雨等,2019)。

之所以上述企业在推行督查机制后取得重要成果是因为:首先,效能督查工作能够提高集团管理水平,提升企业运行效率,节约投资,规范经营,降低运营成本,提高投资效益,减少投资风险,带来直接的经济效益。其次,也能带来较好的社会效益。从长远利益来考虑,这种社会效益也能够带来经济效益。最后,搞好效能督查工作能够凝聚人心,增强企业的核心竞争力。企业效能督查的一个重要功能,就是降低成本、提高生产经营管理的效率和效益。发挥效能督查的降本增效作用,就要抓住影响企业经营发展的重点和关键。

科学合理的督查流程,有着既定的督查路径,规避掉不合理的环节,渐进式地提高督查效率。此外,固定的流程可以助力企业由个人能力向组织能力的转变,做到部门间权责明确,解放管理者,进而精简组织结构。

该企业积极吸收上述企业经验,建立自己的运行督查机制,优化督查流程,提升集团运行效率。工作主要从以下几个方面开展。

1. 督查形式

目前该企业督查工作开展形式主要包括但不限于定期督查、专项督查、联合督查、调研督查等。

(1)定期督查是指对集团定期召开的重大会议中的重要部署的督查督办,特别是实施过程中的督查。定期督查可针对集团的重大决策实时做出反馈,督促事项进展,及时修正集团的发展方向,形成有效的督查机制。

(2)专项督查是指对限期完成的专项工作及批示指示、决策决议、部署安排等事项,实施精准督查,限时完成,针对某一事项进行督查,可以保证督查的连贯性、完整性和有效性,促成事项按时完成。

(3)联合督查是指对影响重大、涉及面广、持续时间长的重大事项,由相关部门和单位人员组成督查小组,由小组成员对相关事项进行针对性的督查。改革重生工作期间,督查办将联合纪委督查部等部门,每周选取3~5个部门,对以下重点事项进行联合督查。其一,省委、省政府、省政府国资委及集团公司关于改革重生工作的重要精神及决策部署的传达贯彻情况;其二,各牵头部门对本部门负责的改革重生重点工作责任分解及具体举措、完成节点的制订和细化情况;其三,各部门牵头的改革重生重点工作进展情况;其四,各部门在改革重生工作推进过程中需要集团公司及上级协调解决的问题。其五,上级及集团重点关注的其他重点事项的进展情况。联合督查由各部门联合参与督查,解决影响大、涉及面广的事项,做到"事事有人管,时时有人查",确保重大事项多方位全角度的顺利进展。

(4)调研督查是指围绕集团公司改革重生及其他工作中的重点、难点、热点问题,开展一线调研、带案下访等,查明原因,提出解决建议,为集团公司决策提供参考。调研督查针对公司重点难点问题,进行实地考察并提出结论,在尊重事实的前提下依托外部力量,更为科学客观地帮助集团企业解决发展过程中遇到的热点难点。

2. 督查程序

集团公司施行"台账式管理,清单式交办,销号式落实"的督查程序。

"台账式管理"指的是制订提案分解办理的方案,实行"编号制";落实办理责任,实行"挂号制";解决突出问题,实行"销号制"的做法。通过管账的方式更好地督查工作的进行,推动了工作规范化、精细化、效率化。

台账,原指摆放在台上供人翻阅的账簿,故名台账,实际上就是流水账,它包括文件、工作计划、工作汇报。台账的内容主要包括省委办公室等上级部门安排的重点工作任务,各部门主要领导批示、交办事项,相关部门督查考核办公室督查事项,公司年度重点工作,领导安排的待办工作等。对列入了台账的事项,明确督查的工作任务或领导批示要求、目标要求、推进计划、责任领导、责任股室等内容。台账实行动态管理,对需要增加的督查事项,及时纳入台账管理。

台账式管理具体来讲有以下优势。

(1)建"账",实现从"无章"到"有序"。结合实际,每个部门制订本周工作计划表和上周完成情况汇总表,通过对各部门工作进行科学分类,分成若干账目,全方位、多角度展现部门间工作开展情况,每周五定时向办公室提交下周工作计划表和上周完成情况汇总表,促使企业更好地开展工作。

(2)管"账",实现由"被动"到"主动"。"台账式"管理工作模式实行专人管理、专档保管,明确分管领导及部门职责、工作明细。综合办公室则负责具体台账的整理与传阅。同时,为使台账的内容可以充分体现国企工作的全面性、真实性、及时性和规范化,综合办公室多次强调"台账式"管理工作的重要性,并进一步明晰了机关工作"台账式"管理的作用。

(3)制度理"账",实现由"务虚"到"务实"。建立台账信息报告制度,凡涉及各部门台账的登记、变更等动态信息,办公室必须及时向领导进行报告;除此之外,建立定期审核制度,办公室每季度最后一周对各股室工作台账进行审核,确保台账的准确性和一致性。同时,完善考核制度,制定了具体的量化细化考核办法,把建立的机关"台账式"工作管理制度纳入年度各股室评优评先考核办法中。

(4)可视化看"账",实现由"模糊"到"明晰"。实现台账的可视化,操作部门上报材料至综合办公室,经汇总制成可视化数据,此举无疑会帮助集团公司管理人员更加真实地了解公司整体情况以及各立项项目的进展情况,进而做出更为科学的决策,并能够针对薄弱环节及时进行战略调整;可视化同样也会让公司人员对集团有更全面的把握,充分理解自己工作对整个集团的作用,从而调动员工积极性。

(5)责任归"账",实现由"放任"到"约束"。以往的归档环节,尤其是涵盖面广、持续时间长的项目往往由于参与主体众多,各部门之间权责划分不清,"交叉管理""无人管理"现象频发。建立台账式管理制度,则可重新对各部门权责进行有效划分,避免上述问题的出现。这样既提高了企业运转效率,防止了权力"冗余";又治理了"无人管"问题,防止出现"踢皮球"事件(史林友,2015;赵玲霞,2018)。

在各单位(部门)交办过程中,明确各参与主体权责,做到材料交割无误,权责分明,流程清晰,保证各单位(部门)齐心协力实现目标。对已办结的事项,及时向督办领导反馈落实情况,并做好登记归档;对进行的重点工作进展情况,综合室及时进行督导调解,促进了各项重点工作及时有序地推进,保证了各项任务在规定时间内保质保量的完成。

3. 督查流程

（1）立项。对确定督查事项进行登记、分解责任,明确责任领导、责任部门（单位）、完成时限和办理要求。

（2）交办。督查办起草督查通知,按程序报有关领导审批同意后,交由责任领导、责任部门（单位）办理。

（3）承办。责任部门（单位）接到督查通知后,按要求和时限认真办理。涉及需要配合的,责任部门（单位）牵头组织配合部门（单位）研究承办措施。

（4）督查。督查办要及时通过进度反馈、实地了解等方式掌握进展情况,适时提醒、督促责任部门（单位）做好落实工作,并及时发现、反映和协调解决办理过程中出现的有关困难和问题。

（5）审核。督查办对督查事项办理结果应严格审核把关,确保工作落实时效和质量。对不符合办结条件的,要及时退回责任部门（单位）重办或补办;对关注度较高、影响面较大的重要事项要进行实地调查复核;对重点督查事项,要开展"回头看""再督查"。

（6）办结。符合办结条件的,督查办予以办结,并将督查事项办理结果及时总结,向集团公司报告。

（7）归档。督查事项办结后,督查办要及时将有关材料立卷归档、妥善保管。

（8）追责。结项后,对存在问题、造成损失的项目进行核查,确实存在问题的项目,要追究其负责人。轻则责令检查、通报批评、诫勉。重则纪律处分、党内处分甚至要移交司法机关,图5-1。

在具体操作中需明确项目工作内容的责任领导、牵头部门、配合部门和责任部门。首先,主体单位向责任单位报告进展和遇到的难题。之后,主体单位向督查办报告时间节点,对各事项拿出硬措施、定好路线图、列出任务书、排出时间表。具体来看,主体单位除每周定期在督查督办系统上填报进度外,也需随时将工作进展情况进行汇报,督查办对落实不力,进展缓慢的也会予以通报问责。

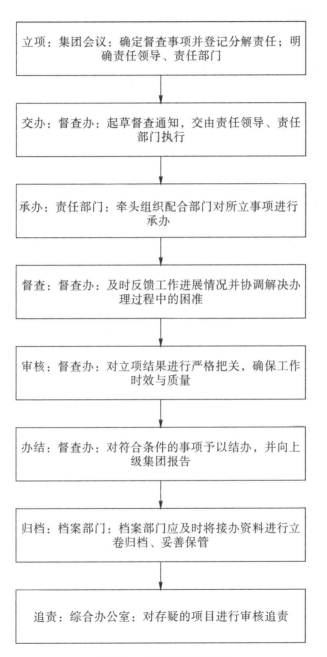

立项：集团会议：确定督查事项并登记分解责任；明确责任领导、责任部门

交办：督查办：起草督查通知，交由责任领导、责任部门执行

承办：责任部门：牵头组织配合部门对所立事项进行承办

督查：督查办：及时反馈工作进展情况并协调解决办理过程中的困准

审核：督查办：对立项结果进行严格把关，确保工作时效与质量

办结：督查办：对符合条件的事项予以结办，并向上级集团报告

归档：档案部门：档案部门应及时将接办资料进行立卷归档、妥善保管

追责：综合办公室：对存疑的项目进行审核追责

图 5-1　督查流程示意图

4.督办时间安排

纳入"13710"信息督办系统的重点工作任务要严格执行"13710"工作流程。同时,结合重点工作实际,对在一个月内确实解决不了的事项,要确定解决的时间节点,制订推进方案,报经立项主体同意,转入"持续推进"板块跟踪督办,并逐月反馈,季度小结,年底清零。

(1)逐月反馈。重点工作任务的落实主体每月底前要将本月的落实进展情况通过系统进行反馈。在月底没有反馈的事项,由系统从下月 1 日开始,每日 8 时、15 时分别催办一次,连续提醒 2 日,仍未反馈的由立项主体催办。超过时限 2 日未上报的事项,交由省政府督查室核查问责。如此不仅可以起到对所立项目的督促,还可以及时找出工作中的重难点,助力企业领导统领全局、发现问题、解决问题,不留疑问。

(2)季度小结。重点工作任务的落实主体在每季度最后一个工作日(第四季度提前一周)分别将第一季度、上半年、第三季度、全年工作进展落实情况书面报告立项主体,由立项主体呈报分管副省长。此举可以使集团工作清晰透明地呈现给省委领导。

(3)年底清零。所有事项年底都要销号清零,做到件件有结果。这样可以最大限度地发挥督查机制作用,做到事事有结果。

第二节 "13710"督查流程重构

一、"13710"实施前存在问题

在实施"13710"督查工作机制前,该公司开展督查督办主要是围绕领导会议(周工作例会、月度工作例会、专题工作部署会等)部署任务开展,督办事项计划性比较差、管理较松散,督办结果主要是通过专题汇报等方式不定期向公司领导进行反馈,未形成流程闭环等问题,会导致督办效率较差,对工作很难起到引领和推动作用。具体可以概括如下。

(1)单纯线下督查,考核不够系统全面。线下督查可以更好地把握项目进展情况,并且有助于部门间的协调沟通,助力多单位合作;但单纯线下督查,不利于公司痕迹化管理,众多材料汇报无法做到有效归档;面对多个事项时,线下沟通效率低下,督查人员需要奔波于不同负责单位之间,造成了资源浪费;线下督查还不利于立项进展的汇报。

(2)未形成流程体系,且多平台,数据上报混乱。此前的督查体系,多是由各部门自己负责,由部门领导直接对接下属进行督查。因为部门间设置不同的原因,无法形成一个统一的流程,也没有一个集多种功能为一体的智能平台来协助督查审批。故部门间对接困难,上报标准不统一,归档难度大;造成资料混乱、整理困难、资源浪费的结果。

(3)权责不分、效率低下。在形成较为高效的督查机制、整合好集团督查力量之前,集团内部由于机构庞杂,权责划分混乱,经常出现一个执行部门由多个领导部门管辖,出现权力交叉的情况。"无人问、无人管、无人负责"的情况时有发生,使公司效率低下,经营状况受损,对外形象也大打折扣。

(4)无公示制度,没有形成良性循环。在公司出台有效的公示制度前,多种督查信息只在各部门内部流通,除了自己部门的同事,他人并无法得知。致使领导无法了解公司内部员工实际工作完成情况,也让一部分没有上进心的员工发现"摸鱼"的空间,自己没有进取的意念,又缺乏领导的督促,这一点无疑会给公司带来巨大损失。

(5)未加入考核机制,使得作用力手段不强。部分员工依仗自己工龄长,倚老卖老,缺乏认真负责的态度。加之对工作的督查考核未与工资岗位等因素挂钩,部分员工就意图"吃大锅饭",觉得"干好干差一个样",缺乏有效的约束机制。

（6）奖惩措施单一，不够有差异性。国企机构庞杂，人员众多，以往多是单一的金钱奖惩；然而对于一些人来说，由于自身情况不同，这种统一的方法往往起不到很好的效果，对员工的约束力不强。

二、新督查的具体程序

1. 立项前准备

（1）立项之前需查阅所立项目的资料，必要时应当摘录或者复印有关资料。做到对将要执行的项目心中有数，坚信"他山之石，可以攻玉"，从多方吸收经验教训，做到有的放矢。

（2）现场了解工程相关情况，"纸上得来终觉浅，绝知此事要躬行"。该公司旗下有众多实体项目，单纯依靠报告资料不足以全面了解事实情况，故需要工作人员进行现场考察，才可掌握一手资料。

（3）采取召开座谈会或者分别谈话的方式听取管理单位、执行单位、责任单位等多方面的人员，尤其是执行单位驻工地代表、总监、项目经理的情况介绍、意见和建议。

（4）向责任领导部门及其人员发放征求意见表；由于部门性质原因，领导部门掌握更为全面的公司资料，能够给出更加宏观的建议，也能够为部门安排更多资源。

2. 立项

立项指成立项目，执行实施。申请项目的立项时，申请部门应将立项文件递交给项目的有关审批部门。立项文件包括项目实施前所涉及的各种由文字、图纸、图片、表格、电子数据组成的材料。不同项目、不同的审批部门、不同的审批程序所要求的立项文件是各有不同的。所立项目应根据国民经济的发展、国家和地方中长期规划、产业政策、生产力布局、国内外市场、所在地的内外部条件进行。

提出具体项目的建议文件，是专门对拟建项目提出的框架性的总体设想,该文件的核心价值应包含以下几方面:首先是作为项目拟建主体上报审批部门审批决策的依据;其次是作为项目批复后编制项目可行性研究报告的依据;再次是作为项目的投资设想变为现实的投资建议的依据;最后是作为项目发展周期初始阶段基本情况汇总的依据。当上述准备工作完成后,项目通过与否应由集团会议决策;对会议通过的项目,会议应确定督查事项并登记分解责任;明确责任领导,责任部门;并督促各部门、各机构之间相互配合互相协作,以完成既定目标。以上信息还应上传公司系统进行公示,使集团内部做到信息共享。

3.交办

督查办依据项目申请书、递交材料和集团会议的要求,起草督查通知,按程序报有关领导审批同意后,交由责任领导、责任部门(单位)办理。综合办整理有关资料,通知所涉单位积极配合。

4.承办

承办前,应由责任部门(单位)与督查部门针对项目对象、项目内容、执行标准、期限等内容进行协商沟通,双方应先确认有关事宜。

承办中,当双方确认项目内容,责任部门接到督查通知后,按要求和时限认真办理。涉及需要配合的,责任部门(单位)牵头组织配合部门(单位)研究承办措施,各部门协调合作;此过程中,责任部门应针对项目进展、所遇困难等问题及时向督查部门上报,以期更快处理;督办单位也应对责任部门催办,督促各部门加强合作。

承办后,双方协调办复工作,即对项目承办完毕后,督查部门将办理结果及时报告有关领导人。办理信息也应立即归档,并上传公司系统。

5.督查

督查办要按照项目登记信息,以及时通过进度反馈、部门调查、实地了解等方式掌握项目进展情况,适时提醒、督促责任部门(单位)与相关单位做好落实工作,并及时发现、反映和协调解决办理过程中出现的有关困难或问题。如遇问题,需及时反映给上层领导,做好上传下达工作,协调组织间关系,整合集团资源,处理项目难题。待督查工作结束时,视情况将督查结果和发现的问题与被督查单位人员交换检查意见(邱勇,2011;李威,2019)。

6. 审核

督查办首先进行内部审核,即督查办依照立项说明书对督查事项办理结果应严格审核把关,其次需应时引入第三方进行审核,以更为客观专业的角度,确保工作落实时效和质量。对不符合办结条件的,要及时退回责任部门(单位)重办或补办;对关注度较高、影响面较大的重要事项要进行实地调查复核;对重点督查事项,要开展"回头看""再督查"。确保对集团项目负责,做到万无一失,并将审核结果上传系统,以方便数字化办公,提升集团运作效率。

7. 办结

经督查办审核后,符合办结条件的项目,督查办应与责任单位协调后予以办结,并将督查事项办理结果及时总结,向集团公司报告。让集团领导层及时掌控各项目完成情况和公司整体运作情况。

8. 归档

督查事项办结后,督查办要及时将有关材料立卷归档、妥善保管。归档主要分为纸质材料归档和电子材料归档两种(戴群,2021;侯春莉,2021)。

(1)纸质档案。针对纸质材料归档,项目有关归档文件应当齐全完整。对已破损的文件应予修整,字迹模糊或易退变的文件应予复制。且对于整理归档文件所使用的书写材料、纸张、装订材料等应符合档案保护要求。经装订、分类、排列、编号、编目、装盒等步骤妥善保管,以便之后查阅。之所以还需要纸质档案保存,是因为我国的纸质档案已经经历了长期的过程,直到今天仍然沿用纸张进行信息的记录,具有重要的作用。随着科学技术的不断发展,纸张的种类和性能也在变化。社会发展过程中,信息的传播和记录,都需要纸质形式完成,因此纸质载体具有鲜明的特点,在档案管理中也主要通过纸张记录信息。可以通过对档案的检索,快速地找出想要调阅的档案,不需要使用其他的辅助方式,具有稳定性强,不受外界影响的优势。在信息化技术未出现前,档案管理就是利用纸质检索的方式,这样管理工作的效果较好(燕珊,2021;王迪,2021;范志伟,2010)。同时,纸质档案也可以长期保存,并且不会受电子元器件老化带来的不良影响。

(2)电子档案。对电子材料归档则应做到以下几个方面。

1)明确电子文件的归档条件,严把归档检测关。首先,必须确定归档范围是保证电子档案质量的关键,对项目所涉及到的材料应保证其客观性与完整性,档案管理工作者在对电子文件进行归档时,需将经过整理的电子文件确定属性后,即完成文书处理程序后再归档保存;其次,要有完整、齐全的电子文件相辅。对于督查办与下属责任单位来说,文件档案必须是全文信息,从文件设计、修改和形成阶段做起,使电子文件格式与环节相匹配,确保电子文件的归档质量,认真检查电子文件内容是否完整、真实、有效,是否感染电子病毒。从计算机或网络的存贮器上拷贝或刻录到可移动的磁盘或光盘等载体以便长期保存。严格按照不同的保管期限,分别归档,分盒排列,分柜保管。

2)建立统一的网络体系。电子文件的归档管理还在摸索之中,在某些单位或部门,办公自动化系统与档案管理系统不兼容,没有形成网络体系,不同软件形成的数据难以转换,给电子文件归档造成困难。其主要原因:一是没有统一管理,同一单位多个部门,多层管理,各自为政,多数档案工作者缺乏计算机网络知识,使建成的网络系统不能完全符合档案传输要求。二是电子文件是靠网络生存,一旦网络被破坏,电子文件就会丢失。所以很多国企近些年已发现此问题,均纷纷加大研发,推出与自己企业架构相匹配的系统。

3)明确电子文档管理标准。计算机技术的应用已经深入到社会的各个领域和角落,随着电子文件的不断产生,工作效率及社会效益有了明显的提高,同样也涉及到了许多问题。如:安全、保密、归档、管理、利用等。这就需要抓紧制定电子文件的管理标准,如电子文件的登记、命名、归档、鉴定、收集、防护、安全、密级以及专利维护等标准,逐步完善电子文件的全过程管理制度,做到标准化、规范化、制度化。

4)提高电子文件的归档管理质量,依法管理电子文件。由于各种因素,电子文件的法律效力尚不明确,由于没有固定的载体,目前还没有杜绝伪造、删除、修改和抵御病毒的有效办法。这要求我们在工作中要形成一套完整的电子文件管理体系,经常与形成电子文件的部门加强联系,提前介入,充分利用办公自动化系统实现电子档案管理创新,建立一个崭新而不失特色的电子档案体系(陈碧燕,2012)。

(3)电子档案存储系统。信息化技术时代下,计算机具有较强的储存能力,无论是硬件还是软件都具有较强的功能。在企业或组织中,目前已经建立了电子档案存储系统。在信息技术的支撑下,电子档案与现代化办公系统紧密配合,提高了办公的精细化,有效地避免了纸质档案管理中存在的问题,所以电子档案有如下特点。

1)电子档案的内容多样。随着信息技术的发展,档案的形式也更加多样,包括图片、视频、音频等,这些资料是无法通过文字资料来储存的,只能通过电子档案进行存储。因此,电子档案的出现丰富了档案的存储形式,包括视频和音频等,有助于更多的信息和文化内容的传承。

2)电子档案的存储空间小。电子档案是以数字形式存储的,所占用的空间较小。自计算机技术出现以来,数字存储设备性能也在提高。不仅存储空间更大,而且具有读取和传输等性能。数字储存设备开始的储存空间较小,但随着硬件技术的发展,数字储存器日益完善,人们可以更加便利和安全地进行电子档案的管理。

3)电子档案的共享性。指同一份文件可以实现在同一时间、不同地方,被多个需求者以多种方式利用。电子文件不再受"孤本"的限制,一份文件可能供所有需要它的人共享。

除要求普遍发行的文书文件外,大部分的纸质文件都是独份,就算有几个复印件和副本,在有限的数量下,文件的共享利用只能在小范围进行。传统的纸质文件是一种"有形的信息资源",汇集在一定的场所、固定的时间范围内被需求者利用。这样既限制了档案利用的人数、时间、地点,而且在保存上存在巨大风险,很不利于档案利用。而电子文件在虚拟的计算机环境下,成为了"无形的信息资源",打破了纸质文件"有形"的观念,使同一份文件可以在同一时间、不同地点,被不同利用者共享。

电子文件的共享性主要表现在以下几个方面:一是打破了利用者人数的限制,同一份文件可以通过复制、下载、网络传递、利用移动硬盘等方法,实现一份文件被多个利用者利用。二是打破了纸质档案"固定场所"的限制,得益于现代先进的网络技术档案利用者通过网络等多种手段方法可以远程获取所需的档案。使档案的利用也不再受时空的局限。三是打破了"利用时间"的限制,利用计算机和网络技术,通过一定的设备可以在任意时间内获得所需的档案(李月,2020)。

4)电子档案的环保性。从利用者的角度出发,随着电脑的普遍应用,在电脑网络的环境下,电子档案应用相较于纸质档案应用更经济环保。利用者可以直接在计算机上阅读电子文件,而不必在纸张上阅读,这样纸张的用量少了,使档案管理的发展更经济环保。而有些文件利用的次数并不是很多,在这种情况下利用电子文件可以节省纸张,节省保存文件的空间。档案工作人员也不必花费大量的时间精力对纸质档案进行拆钉、装订、搬运。电子文件可以无消耗被重复利用,当一份电子文件需要被传递给多个利用者时,电子文件可以通过邮件、网络传输、文件传递等方法,而不必通过传统的纸质文件发放到利用者手中。

5)电子档案调取的方便性。电子材料的保存与调取,相较于纸质材料有着得天独厚的优势,通过系统查询能够方便做到迅速调用(孙浩,2021;苏悦、杜丽杰,2015)。

9. 公示

即督查办公室针对项目完成情况向全集团进行公示。之所以强调集团内部的公示制度,是因为公示制度能做到以下几点。

(1)公示制度有利于构建高效企业。为有效提升企业核心竞争力,企业必须树立科学发展观念,培养社会服务意识。员工是企业组织的基本构成单位,公示制度会赋予员工知情权,有助于充分发挥员工的积极性、主动性、创造性,给集团员工以更多的自主权、选择权,可以更好地实现集团内部自我管理、自我教育、自我服务。培养具有"独立之思想,自由之精神"的自主创新人才。同时,公示制度也是在复杂的管理环境中研究问题、化解矛盾的有效方式,对于建立和谐高效企业有着积极的作用。

(2)公示制度可提升集团管理的工作水平和公信度。一直以来,在企业日常的运行中,有相当数量的员工对自己拥有的权利和义务缺乏必要的了解和认识,加之宣传部门宣传工作的不到位,导致部分员工既不关心也不了解自身所从事的工作对自己和社会带来的影响。而管理者对员工也仅限日常管理,上下级之间缺乏必要的沟通机制,这不利于集团的发展。在日常运行管理工作中引入公示制度,将各项工作的流程和结果向全集团公布,主动接受全集团人员的督查和指正,能够有效拉近各员工、各部门和决策机构的距离,使广大员工充分了解决策过程,认识到决策部门公平、公正、公开的工作形象,增强员工对决策行政部门的信任,达到基层组织和决策机构间的良性互动。同时公示制度的建立健全,也赋予广大内部员工更多的知情权、参与权、督查权,理顺了上下级之间及时有效的沟通渠道,便于取得集团内部的理解和支持,实现科学管理,公司发展真正实现以人为本。

(3)公示制度能减少工作失误、形成科学决策的有效渠道。由于大型企业普遍机构庞杂、人员众多,领导机构在面临工作压力和任务的复杂性时,要求在管理方式和信息手段方面有一些创新和突破。用公示制度取代公告形式,在集团会议结果公布前,先将拟定的名单和过程通过集团内部网络进行公示,可以让全体职员参与审核,及时反馈意见和建议,对工作和决策中的错误进行更正,这样得到的最终结果比不经公示而公告的结果可以大大减少失误和误判,从而使决策更科学、更合理。

(4)建立健全公示制度,是提高工作人员工作质量的有效工具。在粗放型的集团管理工作流程中,工作流程不可能形成闭环,工作的好坏得不到及时反馈。工作人员仅仅凭主观意愿和以往经验,往往不经过细致审核和详细论证,也不必征求下属意见,容易导致经验主义错误。加之职员个体意识的缺失,积极性不强,信息渠道的不畅,客观上造成部门间缺乏有效及时的评估和反馈,工作中的不足和失误,也不可能及时得到反馈和纠正,不利于集团的改进与发展。建立健全公示制度,是约束领导人员认真主动完成工作的有效工具。由于所担负的工作需要公示,这一公示结果中所含的漏洞和失误,将会得到及时有效的反馈,工作水平和能力将随时得到印证,这就要求领导人员必需认真履行工作职责,主动改进工作态度,做好工作的调查研究,及时总结提高,以一种"我主管我负责"的精神完成好每一项工作。

(5)建立健全公示制度是抵制不正当竞争、实现社会公平的有效途径。在日常企业运营的管理工作实践中,尤其在处理沙及员工升职、加薪、评优、入党等工作中,常常会遇到各种各样"递条子""打招呼"的情况。由于上述工作既涉及每个员工的根本利益,又关系集团方方面面的实际情况,处理不当将妨害职员个体利益,影响集团整体形象,工作人员往往左右为难,陷入困境。顾及关系则必定影响评选工作中的公平、公开、公正形象,难以使全体员工信服,不利于和谐集团建设;不顾及关系,则可能影响集团其他工作的开展。建立健全公示制度,增加了日常工作流程、工作标准、评价标准的透明度,以不正当方式干预工作评选过程将受到制度设置的屏蔽。对于决策者来说,可以寻求制度依据,拒绝"递条子""打招呼"的要求。总之,公示制度的存在以及由此产生相对的过程透明性,增加了不正当干预的难度。

公众督查的约束,也使工作当事人可以更合理地处理需要予以照顾的正当诉求,并可以一定范围内按制度规则将事件原委列入公示,由相关督查部门或公众给予评价和权衡决策的得失。

(6)建立健全公示制度,是实现集团内部公平公正精神的重要手段。在日常工作中建立健全公示制度,是领导部门以现身说法方式培养广大员工公平公正精神的课堂。这种潜移默化的教育将比说教式的教育达到更好的效果,职员从中得到的培养将不仅是公平公正的精神,更是对公司工作和社会生活的参与意识和督查意识。

(7)公示制度,可以有效避免一部分老员工倚老卖老的行为。通过公示制度,可以有效将个人工作情况通报整个集团,一定程度上限制这部分员工存在此类行为。

10.追责

结项后,对存在问题、造成损失的项目进行核查,确实存在问题的项目,要追究其负责人。轻则责令检查、通报批评、诫勉。重则纪律处分、党内处分甚至要移交司法机关。

关于追责制度,我们可以从以下几方面进行解读。

(1)集团内部引入追责制的缘由。公司集团内部制度的实施需依靠相应的惩罚机制才能得以有效执行。考虑到问责制正是这样的一种带有惩罚功能的机制,其通过追责的方式明确个人的失责行为并进行追究和惩罚,从而实现权责对等,防止权力滥用。因而,将追责制引入行政事业单位的内部控制建设中,可以加强各部门的沟通合作,促进内部控制制度的有效实施。

(2)行政事业单位内部控制建设中问责制嵌入的运作机理。基于激励约束,追责制能调控履责主体行为;基于信息公开,追责制能加强履责信息透明;基于过程回应,追责制能增进履责主体互动。

(3)内部追责对完善行政事业单位内部控制的推进作用。引入内部追责可以通过层级结构、规范程序和命令发挥问责激励功能,强化了层级间控制,以此对集团内部各组织部门、责任部门、执行部门予以调控。而决策层则通过问责机制的作用,压缩执行层的过度自由裁量空间,使其认真执行上级任务。

(4)外部追责对完善行政事业单位内部控制的驱动效应:可驱动声誉效应,发挥舆论压力;并且对员工具有震慑作用(叶邦银、领花,2021)。

追责制度实施流程示意图如图5-2所示。

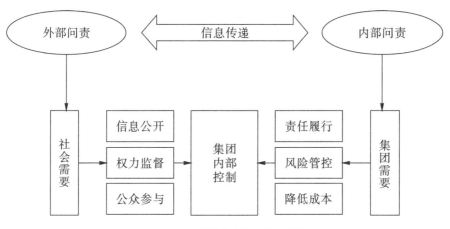

图5-2　追责制度实施流程示意图

11.奖惩

综合办公室根据公示公告对相关人员工作进行总结并依据规章制度进行奖惩。之所以强调奖惩,是因为根据工作情况对员工进行奖惩可以有效调动员工积极性,对不思进取的员工,则予以批评甚至是惩罚。这样才有利于企业实现内部赋能,增强自身活力,实现转型。

"13710"督查流程重构示意图如图5-3所示。

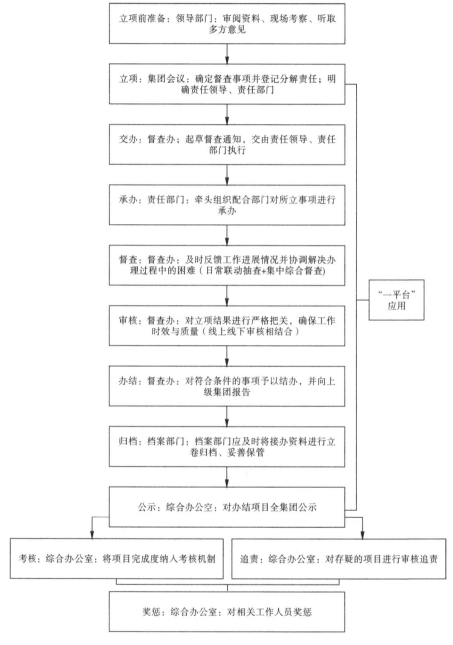

图5-3 "13710"督查流程重构示意图

第三节　"13710"督查流程优化

在总结公司督查督办事项开展的实践中,我们认识到有必要通过"五位一体"机制建设,着力提升督办效能效率。督查督办是督促检查落实行政决策,综合协调、规范日常行政事务,检查、督促上级指示、会议纪要、领导重要批示(决定)和重要工作的执行情况。通过对立项事件的督办,做到政令畅通,执行到位,把企业各项发展战略、决策和工作部署付诸行动,加快建"行业标杆"的国家能源企业。在集团公司系统内全面推进实施"13710"工作后,提升督查督办效率已成为当务之急,为抓好此项工作,我们主要采取了以下具体工作措施。

一、明确职责(组织机构)

办公室是督查督办职能管理部门,依据公司会议精神和领导工作布置要求,负责事项立项、督办、检查、考评和建章立制等工作,以及草拟汇报材料,并督促指导各部门做好相关工作,及时通报事项进展情况。督查督办实行承办负责制,承办部门依据事项内容和业务职能进行确定或由公司领导直接指定;涉及多个部门共同承办的事项,须明确牵头部门,由其协调各方共同办理。各部门主要负责人是本部门承办事项第一责任人,对承办事项负全责。承办部门应高度重视督查督办工作,按照明确的职责分工和工作要求抓好承办事项的贯彻落实,并按要求反馈事项进展情况。办公室全程跟踪事项进展情况,不定期组织开展检查,对重点工作进行重点督办,并及时通报事项进展情况。对工作落实中遇到的问题和困难,应及时向公司负责人反映并协调解决。

二、厘清流程明确督办事项范围

省公司以文件、抄告单、意见等下达的事项;总经理办公会、领导班子成员碰头会、月度工作例会、周工作例会、员工大会暨年度工作会议、年中工作会议和专题工作部署会议等会议精神和确定事项;公司领导批示和交办事项;重点工作任务"13710"督办工作部署;其它需要督查督办的重要事项。明确工作流程:登记立项,确定重要事项,拟定立项意见,经公司负责人审核后登记立项;事项交办,通知承办部门有关事项及要求,并督促办理;跟踪督办,全程跟踪事项进展情况,做好情况汇总和通报,及时反映问题并做好协调服务;办结审核,办公室每月汇总事项完成情况,提出跟踪督办意见提交公司月度工作例会。

三、完善制度(标准)

制定修订《"13710"督查督办工作管理制度》,明确督查督办工作要围绕公司重点工作,充分发挥参谋助手作用,强化执行力建设,确保政令畅通。与此同时,各部门要主动学习《"13710"督查督办工作管理制度》,积极配合综合办公室下达的指令,做到有的放矢。

四、严格考核

依据各部门职责和工作内容,设定有针对性的考核制度标准,每月督办事项完成情况由办公室汇总后拟定考核建议,报公司人力资源部汇总后提交公司绩效管理领导小组审核,在各部门月度考核中直接进行减分项兑现。让考核制度在督查体系中发挥作用(龚亚南、李蓓,2016)。

五、线上提醒督办与线下抽查核查相结合

线上提醒督办与线下抽查核查相结合任务分解落实。年度重点工作督

办精确对照全年目标,梳理对标任务清单,经公司党委会研究确定。线上利用协同督办可视化平台功能,开展任务立项、任务分解等工作;线下印发全年重点引领工作计划,形成全年重点工作思维导图,各部门各级主要负责人"挂图作战"。按需组织召开党委会推进重点督办,按月评价通报、以季度为单位兑现考核,线上线下结合确保责任落实横向到边、纵向到底。工作推进管控。各部门、各单位对表对账公司目标任务报送落实情况,线上坚持与目标任务对表,与公司要求对标,全面体检各项工作落实情况,全面真实、客观准确反映工作进展、存在问题和工作建议。利用可视化平台统计分析功能,直观反映全省督办工作进展情况。

六、日常联动抽查与集中综合督查相结合

日常联动抽查:综合办公室牵头负责全程跟踪目标任务进展情况,统筹联动专项检查工作,责任处室具体组织对各单位报送的进展情况择项抽查核实。灵活采用面对面座谈访谈、上下核对、现场核实等方法,按照党委安排或随机抽选核查工程项目。

集中综合督查:目标任务督查督办工作,每半年全覆盖集中督查一次,实行年中综合督查,年底全面督查。集中综合督查,实行组长负责制。抽调人员组成督查组,组长由主要业务牵头部门和单位主要负责人担任(陈琳,2015)。

七、"一平台"应用

1. 可视化平台的业务实现分级审查立项

将"一级、二级、三级督办"与督办事项来源进行智能联动,通过勾选不同的督办事项来源,系统自动生成不同级别的督办事项,固化分级方式,提高立项准确度。对公司重要会议的工作部署,按照督办事项分级制度,对重点工作进行分级登记。办公室经会前关注、会中记录、会后请示,按照公司

主要领导审查批示意见,快速立项,第一时间明确承办部门和单位,下达督办通知单。同时短信通知,将督办事项信息和要求告知牵头领导、牵头部门和协同部门(单位)负责人,以及落实单位负责人,短信收发日志可通过平台进行查询。

(1)推进计划管理。每一项督办任务在立项交办后,对照目标进行任务分解和指标量化,按月制定出工作计划,经部门负责人、分管领导逐级审批同意后,统一纳入公司督办事项,按节点计划开展督办工作。

(2)督办过程跟踪。采取"13710"时限管控法,"1"即当天研究部署;"3"即3天内要反馈办理情况;"7"即一般性问题原则上7天内要落实解决;"1"即重大问题包括一些复杂问题要在1个月内落实解决,确实解决不了的,要拿出解决方案,明确时间表、路线图和责任人;"0"即所有督办事项都要在预定期限内销号办结。

(3)事项办结评估。事项办结评估包含督办事项过程评价和结果评估。过程评价是指按月对办事效率评价,对事项办理的时限、过程管控措施、阶段成果等进行量化打分;结果评估是指按照目标导向原则,对办结成效进行评估,从经济效益、管理效益和社会效益三个维度进行打分,由公司办公室分别于每季度和年末组织开展。为保证办结评估的公正性,系统按照督办事项的专业分类和分级,随机抽取专家,由专家依据公司重要工作任务考核要求进行打分,形成评估报告,供公司领导决策参考。

(4)考核结果应用。每季度、年度发布的督办工作考核结果,通过平台标准接口与公司同业对标平台、业绩考核平台进行数据共享,最后产生的绩效考核结果运用于绩效薪酬、评先评优和专家人才选拔等方面,实现评价结果归集共享、业绩考核跟踪落实。多维度对公司各部门、各单位重点工作进展进行督促,强化考核结果应用,从根本上解决现实工作中不落实、慢落实、假落实,真正做到"真干假干不一样、干多干少不一样、干好干坏不一样",切实提高公司管理效率与质量。

2.可视化平台的特色优势

一个界面看"全省"。多角度、多维度搭建管控界面,"一个界面""一张图"直观展示领导关注各项工作进展情况。通过管控界面,公司领导可清晰掌握督办落实情况,第一时间查看短板事项,及时解决工作进展过程中的阻点、难点。

一套数据多"应用"。协同督办可视化平台是为强化督查督办工作建立的工作平台。在数据交互、信息传输方面,实现了与统一权限目录、门户系统、绩效考核系统、消息平台的互联互通,通过多渠道、多层级的信息化工作方式,推动公司督查督办迈向高质量发展。

一个平台促"升级"。协同督办可视化平台在数据融合方面进行了新的研究,旨在运用"大数据"推动"大督办"。通过对平台系统中各项工作数据的处理、分析与优化,及时发现工作中的不足和问题,以数据为支撑,系统开展调查督办、协调解决工作难点,使督办工作真正督在点子上,查在关键处,提高督办工作的主动性和前瞻性。

3.可视化平台的具体操作

系统从流程入手,覆盖立项审批、实施方案、发现问题、督查建议或决定、整改情况、效能评价、结项归档等督查全过程,实现全程规化管理,提升经济效益,不断完善制度和改进管理办法。

(1)首页。用户登录系统后便进入首页,首页提供用户快速进入各功能模块的入口。首页包括通知、待办、督办、效能督查功能统计图等模块。

(2)选题立项管理。选题立项中的选题指引功能可录入当前年度的选题方向,可查看历年的选题指引信息。在选题发布后,各个企业可在系统查看,并根据选题方向开展立项调研。集团效能督查员按年度创建该年度的选题指引信息。选题指引信息包括所属年份、选题方向(多个)和选题方向说明(与选题方向一一对应)等。在发布选题指引信息后,各个企业可查看选题指引信息,在首页接收系统通知,同时系统会发送短信提醒。

（3）督查过程管理。督查过程管理提供选题立项、制订实施方案、督查实施和总结评价等功能。项目分为前期准备、督查实施和总结评价3个阶段。在新增项目后，默认进入前期准备阶段。3个阶段对应填写不同的环节信息，一个环节包括多项任务，按业务流程填写任务信息，不同任务由不同人员填写。

督查管理详情包括项目总览、节点控制和日程安排。

项目总览提供企业管理项目整个过程的环节及任务信息。环节状态包括未开始、进行中、按期完成和已逾期。"未开始"表示该环节下的所有任务都没有保存信息。"进行中"表示该环节至少存在一个任务的内容未提交且在计划时间前。"按期完成"表示该环节的所有任务内容都已提交且任务的提交时间在计划时间前。"已逾期"表示该环节至少存在一个任务超过计划时间但未提交信息。

节点控制，用于显示各个节点的计划时间和实际完成时间。节点对应某个任务，任务的最近一次保存时间、提交时间为节点的实际完成时间。如果未设置节点计划时间，则只显示节点流及责任部门。根据节点计划完成时间，提示距离节点计划完成时间的天数。如果已超期未录入节点对应的任务信息，则提示"已逾期"，如果超期后录入任务信息，则在实际完成时间后显示逾期标识。

日程安排显示督查实施的日程安排情况，按日程安排显示计划时间、实际完成时间。日程对应某个任务，任务的保存时间为日程的实际完成时间（陈晓东，2021；蒋静，2019）。如果日程计划时间未设置，则只显示日程流及责任部门。根据日程计划完成时间，提示距离日程计划完成时间的天数，如果已超期未录入对应的任务信息，则提示"已逾期"，如果超期后录入任务信息，则在实际完成时间后显示逾期标识（王运征、张文博，2021）。

（4）效能评价管理。效能评价提供集团对各企业推荐评价的项目进行评价的功能，包括工作检查、初评、终评。项目后评价按年开展，包括工作督查、选择评委、初评、终评、评分结果。项目推荐在集团评价后,系统根据评分规则得到系统评分及评分说明。系统用户在评价结果模块可以查看效能督查项目的评价结果。评价结果包括基本信息和评价结果信息。基本信息包括督查单位个数、效能督查项目总数和推荐集团评价项目总数。评价结果信息按项目的终评得分及排名显示为优秀项目、入围项目,优秀项目在排名前5的项目,其他为入围项目。每个项目都提供查看参评材料的功能,点击可在线预览项目参评材料(杜明俐,2021)。

(5)总结归档管理。系统用户在总结归档模块能够查看效能督查项目的督查全过程底稿资料。列表显示已立项审批通过的项目,按项目新增时间倒序排序,可查看项目的档案信息,档案信息页按效能督查流程显示各个环节的底稿材料。底稿材料支持一键导出,导出为一个压缩文件。在效能督查的过程中,每个环节结束后则在档案列表展示底稿材料。底稿材料支持选择导出,进行一键导出时,导出选中的材料,默认选中全部材料。

(6)工作督办管理。系统用户在工作督办模块可以查看系统生成的督办信息,也可以手工创建督办信息。列表列出所有的督办信息,包括系统生成的督办信息和手工创建的督办信息。列表按督办生成时间/创建时间倒序排序,已提交的督办只能查看,草稿的督办可编辑、删除。系统生成的督办生成后为已提交。督办提交后(包括系统生成的督办),会触发生成短信提醒,短信接收人为督办接收人。督办提交后(包括系统生成的督办),被督办对象将在首页收到督办提醒。

(7)统计分析。统计分析功能提供从不同维度对督查过程的信息进行统计,包括效能督查开展情况、效能督查选题分析、效能督查情况统计表等。效能督查选题分析用于对每年度开展的效能督查选题进行分析,并统计该年度的各个选题的立项项目数、这些立项项目目前所处的阶段。该年度的选题指引提交后才能统计该年度的数据。统计对象包括立项申请审批通过的立项项目。立项项目所处阶段包括前期准备阶段、督查实施阶段、总结评价阶段和已完成。效能督查情况表用于对各企业上报的年度效能督查情况表进行汇总（崔宇，2020）。

"一平台"系统管理示意图如图5-4所示。

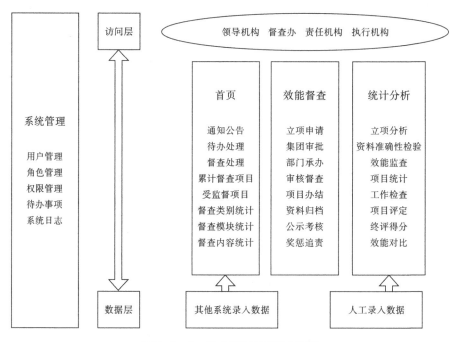

图5-4 "一平台"系统管理示意图

八、公示制度

公示制度是加强跨部门数据互联互通，形成数据和约束的"一张网"。信息流动充分、资源配置效率提高，降低逆向选择、道德风险。当作预警系统的同时，还可以起到统筹兼顾、统领全局的作用（吴海峰等，2018）。

九、实施考核制

严格考核为充分发挥业绩导向作用，突出能力素质和工作实绩，坚持收入与贡献相匹配、选人用人与贡献相结合原则，实施差异化激励机制，实现多劳多得,切实调动总部员工积极性、提高工作效率,因此,国有企业要通过建立科学合理、客观公正、规范可行的绩效考核标准和严格的工作程序,真实反映和评价国有企业各工作队伍的工作业绩,并将考核结果作为职务晋升、推优奖惩和年度考核的重要依据,使业务工作从没人管、没人问、没人查到主动清查、主动报告、主动跟踪的根本性转变,确保国有企业内部事项完成的时效性与有效性(相广新,2019;刘瑞芬,2018)。

十、完善奖惩制度

奖惩的强化功能是提高企业人员素质和能力的有效手段,奖励员工发掘自身的潜能,惩罚其违法过失行为。合理地对内部员工实施奖惩,能保证人员管理机制充满生机和活力,因此,奖惩机制在企业用人制度中具有重要的地位和作用。好的方面发挥人员积极性、提高督查效率;坏的方面则加强惩罚力度,迫使促进改进。同时,企业要根据员工所处的年龄阶段、个人意愿、家庭环境等因素制定差异化奖惩制度。例如,针对刚进入职场的年轻人,他们除了渴望得到物质奖励外,可能更为看重的是个人的成长与发展,企业可以针对此类员工拓宽晋升渠道,增加其外出培训锻炼的机会,拓展其知识层面。但如果犯错,除了金钱上的处罚外,也应与其之后的发展提升相挂钩。针对老员工来说,其可能期望更多的休息时间来陪伴家人,企业则可以通过带薪休假或者家庭团建的方式对其激励。通过物质奖励与精神奖励相结合,建立差异化奖惩制度,则能更容易达到企业管理者所预期的奖惩效果(刘亚娜,2003)。

第六章

提升"13710"督查工作执行效能的路径

近年来,随着中国特色社会主义进入新时代,"五位一体"总体布局和"四个全面"战略布局逐渐向纵深推进,抓督查促落实的任务更重、要求更高。当前,该企业督查工作积极响应中央号召,全面落实"一分部署、九分落实"工作要求,引进"13710"的先进工作方法。重点依托集团综合快捷服务中心建设等,加大精准督查、过程督查、考核问效督查,大力构建"首问负责制""限时办结制"等工作落实机制。促进各级机关转变服务理念,全面打造敢于负责、高效务实的工作作风,为基层减负,为集团公司国有资本投资公司改革试点全面铺开提供坚强保障。

自"13710"实施以来,确实取得了一些成效。

一是创新了督查工作形式。以往常规的督查工作主要是通过组织赴现场和实地督查的方式;"13710"信息督办系统则主要利用现代信息技术和手段,实现政府督查督办的功能,因此督查工作形式发生了较大变化,可以说,"13710"信息督办系统的建成运行,丰富了督查工作的形式。

二是加大了督查督办工作力度。2014 年至 2016 年三年间,省政府开展各类督查督办共 81 项,"13710"信息督办系统自 2021 年 11 月 5 日建成运行至今,督办各类事项已经达到 746 项次。

三是提高了督查督办工作效率。从督查督办事项立项、报批、筹备到组织实施的环节流程看,过去至少需要一周左右的时间,"13710"工作机制建立以后,这些程序一般都在当天即可完成。从督查督办工作做出安排部署或者从任务下达后看,时效性更加明显,一般性问题原则上 7 天内就要办结清零,相对复杂的问题一月之内要办结清零,确实在一个月内不能办结清零的,要提出解决的工作措施或方案,使督查督办更加务实和注重实效,这一点过去是难以做到的。

由于是试点单位,在调研"13710"工作制度督办系统运转情况时,也发现此次制度推行过程中的一些问题,有落实不到位等情况。因此,破解该公司督查工作存在的问题,进一步提高"13710"督查工作效能,从而推动党中央决策部署在河南省不折不扣贯彻落实,成为了值得探讨和研究的课题。

此次研究课题选取某大型国企作为研究河南省"13710"督查工作实施效果的试验点,以管理学、行政管理、行政监察学等相关理论为支撑,结合当前具体工作实际进行深入思考,全面分析该公司督查工作的现状、存在的问题及原因,督查工作及"13710"的相关概念、"13710"督查制度体系、"13710"的督查责任体系、优化完善闭环合理的"13710"的督查流程已经在前面五个章节中详细介绍过了,本章通过对前面问题加以汇总、分析,同时搜集总结近年来各地国有企业督查工作的典型经验和先进做法,最终有针对性地提出提升河南省党委督查工作效能的对策及新思路,为国有企业督查工作中"13710"的应用建言献策,也为"13710"工作法在国有企业的进一步展开和推广提供理论和实践支撑。

第一节　督查工作突出问题分析

在实施"13710"督查工作机制前,该公司开展督查督办主要是围绕领导会议(周工作例会、月度工作例会、专题工作部署会等)部署任务开展,督办事项计划性比较差、管理较松散,督办结果主要是通过专题汇报等方式不定期向公司领导进行反馈,存在未形成流程闭环,单纯线下督查,考核不够系统全面;未形成固定流程,且数据平台不统一;无相应公示制度,没有形成良性循环;也未引入考核机制,约束性不强;奖惩措施单一,个体差异性不足等诸多问题,导致督办效率较差,对工作很难起到引领和推动作用。

通过对某大型国企"13710"工作方法在督查工作中的应用进行调查研究,我们整理出了前述章节,在第三章节制度体系的建设中,有内部督查制度体系缺乏整体性、督查主体缺乏协同、督查制度配套的保障机制不健全、督查重点不突出、督查制度标准不清晰导致工作"走样"、督查工作人员综合素养有待提升、认识不足、思想存在偏差、督查难度大、腐败和违规问题容易隐藏在正常经营行为之中、发现和界定困难、进度反馈不直观、完成时限不预警、办结考核不及时、实际工作不扎实、不能全面掌握实情、所下督查结论可能与事实相背等问题。在第五章节优化完善闭环合理的"13710督查"流程中,有考核不够系统全面、未形成流程闭环、奖惩措施单一等问题。

结合国有企业工作实际,以及对本书前五部分进行总结,发现现存问题主要分为如下几大类。

一、思想认识有待加强

思维方式决定行为模式,要做好督查工作,首先要在企业工作人员的思想认识上下功夫。

1. 缺乏精准督查的意识

当前,我国党政机关正由管理型体制向服务型体制转变,但机关内部分督查人员服务意识不强,思想上重管理、轻服务,未能做到善用督查权威。在督查主体方面,在督查过程中习惯于下命令、派任务,到了截止时间就要结果,而没有在推动督查事项的整个进程中帮助督查对象共克难题,提出行之有效的解决办法。没有发挥好督查部门的沟通协调作用。在督查对象方面,仍存在主动性差、不思进取的旧思维,有的习惯于过去远城区的"圈子文化""人情思维",认为自己在各个单位都认识熟人,遇事先推诿,到了结账的时候就打招呼、讲人情,这对全区的督查氛围也产生不利影响。

2.作风纪律不严不实

应该看到,近几年来国有企业党风建设不断取得了新的进展,但是,目前也存在一些不容忽视的问题。

(1)弄虚作假,虚报浮夸。一些企业领导人员重名利、轻政德,心浮气躁,做表面文章,搞"数字政绩""虚假政绩",蒙蔽群众,欺骗上级。

(2)民主意识淡薄,家长作风严重。一些企业领导人员,特别是"一把手"独断专行,把自己所在的企业视为个人的"领地",搞"家长制""家天下"。

(3)任人唯亲,用人不正之风屡禁不止。一些企业用人权集中在主要领导者手中,存在着选人不按规定程序、用人不坚持标准的问题。

(4)以权谋私,违纪违法行为时有发生。产生这些问题的原因和督查工作不到位有着必然的联系。督查体制不顺畅,督查有其名而无其实。一是"虚监"。如公司领导部门对下级执行部门实行的是宏观管理,上级督查乏力。二是"软监"。由于对厂长负责制的理解错误而造成的消极影响,使得企业党组织不敢大胆去督查经营管理者。企业纪检督查部门隶属单位同级领导,督查权和被督查权力量之间不对称,让下级去真正地督查自己的顶头上司勉为其难。三是"弱监"。班子内部督查顾虑多,怕主要领导给"小鞋穿",督查有名无实。四是"空监"。少数国有企业重大事项"暗箱操作",不征求职工意见,不向群众公开,职工群众失去"知情权"、督查力不从心。

二、配套机制不够完善

国有重点企业绝大多数有督查机构,也建立了督查工作机制,但也有个别企业政务督查工作未法制化,尚未出台相关规章制度,对督查的对象、范围、流程缺乏规范化、标准化操作规章,未对政务督查工作形成有力约束。

缺乏严密的督查制约体系,政务督查容易屈服于政策执行者的压力,进而导致政策执行督查疲软甚至"虚脱",直接影响督查效果和质量。具体来说有以下方面的问题。比如,一些国有企业的责任追究机制相对不健全,特别是对重大违规行为藏匿不报或者不予追究方面的规定,一旦出现重大的安全事故或者财产流失,相关部门相互推诿,相互推卸。长此以往,势必会降低督查人员的法律意识和责任意识,难以保障督查制度的效应。再比如,部分国有企业督查人员的薪酬未与职责履行情况挂钩,激励机制的效果难以全部发挥出来,降低了督查人员对工作的能动性和积极性,特别是渴望升职、加薪的员工,从而影响督查工作的质量。在机构设置上,督查职能和督查内容存在交叉重叠。在督查结果运用上,督查工作结果评估运用还不充分,尚未将督查成果纳入部门年终绩效考核,没有切实将服务对象的意见、决策部署落地到位,以及成效如何目前主要还是由党委督查部门自己说了算,而不是由服务对象说了算。在沟通协调上,未明确部门之间关系,也无法将责任细分到人;缺乏常设的向上或对外协查的机制,遇到需要多方协力的督查事项只能向上级请示报告,大大延长了督查事项办理时限。

国有企业内部如果缺乏必要的保障机制,督查制度哪怕构建得再健全、再完备,其效果也将被大打折扣,因此解决配套机制问题迫在眉睫。

三、信息化有待加强

随着对国有企业督查效率要求的提高,督查工作越来越需要以信息化、数字化手段为支撑。当前,国有企业督查工作的开展多借助 OA 系统、电子邮件、微信等方式处理督查事项,具有明显的分散化、碎片化特征。缺乏一套将所有类别的督查督办件纳入统一管理的电子政务系统。如对事项来源和事项类别加以区分,来源上分为上级交办、本单位安排、群众反映;类别上分为领导批办件、会议议定事项、工作目标等。将所有事项纳入统一的管理模式,进行督查立项、督查协调、事项跟踪、结果反馈、启动问责等全流程的管理。在智能化大数据背景下,信息技术手段与政务督查的融合远远达不到理想要求。

1.信息化技术手段应用不深入

一些干部墨守成规,不愿意学习新的工作技能,心理存在抵触情绪,缺乏创新意识和主动性,工作处于被动状态,工作的形式仅仅停留在文件督查、电话催报、会议汇报等简单的方式,仍存在单纯以文件贯彻文件、以会议落实会议的形式主义,同一事项的重复督查、形式大于内容的督查很可能让基层单位不堪重负,怨声载道,影响督查效果。

2.督查工作信息化建设随意性太强,没有做好科学规划

各单位各部门内部系统自成体系,信息系统建设在广度、深度方面严重滞后,"数字鸿沟"和"信息孤岛"现象的存在严重阻碍了督查工作互联互通、信息共享和业务协同的有效开展。

四、人员素质有待提升

高效的督查工作离不开业务精湛、能力过硬的督查干部队伍。当前新的形势和任务对国有企业督查人员的业务素质提出越来越高的要求,然而,日常工作中部分督查人员还存在以下问题。

1.能力素质与岗位职责不相适应

督查人员素质有待提升。比如督查主体和督查对象的业务知识、业务技能和工作水平参差不齐,特别是在领会领导决策意图、公文写作、发现问题、摸清实情、协调处理等方面还存在诸多不足,亟需培训和提高。再比如,督查工作人员培训学时不足,无论从实际工作经验获取的知识还是平时理论积累的知识都不足以应对现实挑战,到督查现场看过之后,也提不出建设性的意见,导致督查工作沦为食之无味的"鸡肋"。

另外,对督查干部培养工作不重视。总的路线方针政策确定之后,干部就是决定因素,督查干部队伍执行力的高低直接决定督查效果的优劣,间接

决定政策执行是否符合决策预期。一些领导干部出现本领恐慌、本领不足和本领落后的问题，在基层进行视察、检查业务水平无法达到现实要求，外行督查内行，缺乏在现实中发现问题、分析问题、解决问题的综合能力，更有甚者，看到现象后"两眼一抹黑"，遑论应用辩证思维、战略思维、创新思维提出行之有效的对策建议了。

2. 部分督查人员责任感、使命感不强

平时对政治理论和相关法律法规的学习不足，导致依法督查、科学督查的能力不足，督查工作中存在一定程度的形式主义和官僚主义，使具体的督查工作脱离了促进地方改革发展和使群众满意的目的。同时，一些基层单位的干部对企业决策过程、督查流程不了解，一旦督查事项涉及自身，则习惯性地无视大局、主动边缘化，仅完成自身职权以内的工作，也很少提出建设性意见，影响了整体督查效能的提升。

督查人员没有真正从内心认识到督查工作对企业发展的重要性，导致工作流于形式，一系列工作只是为了应付上级的任务，没有将工作做到实处。

第二节　提升督查工作执行效能的建议措施

一、督查工作制度层面建议措施

完善督查督办的工作制度是为了保证工作有序的运行。建立完善的督查督办制度，提升督查工作的制度化水平，可以促进国有企业长远的发展。为深入开展效能督查，企业应制定《督查督办工作实施细则》《日常工作督查办法》《责任管理制度》《责任追究制度》等一系列配套制度，将效能督查工作纳入企业的制度化管理。具体来说，可以细分为以下几种制度。

1. 议事协调制度

对各部门人员所办理的各项事务,要建立记录表,用于及时检查处理意见和情况,确保事情的有序进行。要建立起部门之间的协同效应,部门之间实现交流协调无阻碍。以某大型国企为例,该集团为确保集团公司各议事协调机构顺畅高效运转,根据集团公司领导班子分工及相关人员工作调整实际,经研究决定调整部分议事协调机构,将各议事协调机构组成人员列出,名单通知见附件9。

2. 责任管理制度

首先,要建立科学合理的督查督办方案,让督查工作有理可依。其次,责任到人,强化督促检查主体责任。完善督查工作任务分解制度。各单位、部门要加强对督查督办工作的认识,督促工作,将工作落实到具体的机构和人,细化工作内容,提高工作的针对性,对于出现的重要工作问题,要严抓实办。按照"谁分管、谁负责,谁经办、谁落实"的原则,将工作具体到个人,统筹规范,分级管理,人人有责。及时做好党委重要会议决策部署、出台重要文件的任务分解工作,明确牵头单位、责任单位和落实时限,在责任、分工、制定工作任务书等方面做实做细。

该公司为进一步加强对集团公司督查工作的领导,专门成立了督查委员会,负责集团公司督查工作的组织领导、统筹协调等工作,见附件10。通过明确各部门职责,强化管理,从而在全企业内部建立了较为完整的工作网络。这样一来,责任分工明确,更好地确保任务落实到个人,避免了部门之间"踢皮球"情况的发生。

3. 通报公示制度

督查督办工作制度的落实情况要反馈给工作人员,这就要求工作负责人定期要对落实情况进行汇总、通报。要表扬表现突出的单位和部门,批评工作完成不好的单位。通过这种方式,激励各部门单位对督查督办工作的责任感,提升工作效率。

4.结果反馈制度

准确及时的反馈有利于下一项工作的有序进行,各单位、部门要及时反馈工作落实的情况,对于已办完的工作要及时提供报告,对于没有按时完成的,要及时说明情况,对于重要的事项,领导应该亲自审查。

5.责任追究制度

要严格执行责任追究制度,对不能完成的督查督办工作,要追究相关负责人的责任。通过这种方式,增强工作人员的责任意识,将督查督办工作作为一项工作的重要内容。以公司的责任追究制度为例,见附件11。

6.绩效考评制度

将督查督办工作加入到企业的绩效考评中,通过对工作落实情况进行考评审核,可以保证督查督办工作完成的质量。在首次考核时,要确立督查督办工作的内容和目标,对其进行跟踪监测,在年终考核时,主要靠落实情况。

一个缜密高效的行政系统不能仅靠人来管理,而要更多地依靠体制机制。优化体制机制,有利于让工作人员始终保持良好的工作效率和工作作风,这也是一种长效之举。

二、督查工作绩效层面建议措施

国有企业之中,很少有企业的领导非常重视督查督办工作的开展。在其他工作开展过程中,对于督查督办工作具体目标落实的并不到位,企业大部分只关注业绩,而忽视了督查督办工作的重要性。督查与考评的衔接不紧密,不能充分发挥督查结果在考评中的作用。一些地方干部认为督查报告递送上去后,任务就完成了,在督查结果运用方面缺乏有效的激励和约束机制,没有真正落到实处。此外,仅凭原则性较强的中央指导性文件容易造成执行中的混乱,对问题整改落实缺乏后续跟踪,存在"一阵风""雨过地皮湿"现象,而符合各地实际的督查工作考核评价机制、激励机制有待进一步建立健全,对绩效考核、奖惩实施、干部绩效测评难以提供有效参考,系统完备、有章可循的条例化参考标准少之又少,这就让主观随意性大行其道,遮蔽了公平合理的规范诉求。

想要最大程度发挥出绩效的激励作用,我们需要建立系统的绩效考核机制,将督查工作纳入绩效考核,可以有效地发挥督查工作的督查作用。以某大型国企为例,根据深化国有企业改革实际需要,按照任期制和契约化管理要求,结合集团公司年度重点工作安排和深化改革工作实施方案,该公司制定了一系列考核办法,见附件12。

三、督查工作人员职业素养层面建议措施

1. 人员培训

由于督查工作中存在着干部业务不熟、本领不足的问题,企业一方面要加强人员的能力培训,加强业务的学习,充分利用国有企业党政宣传长栏等理论学习阵地和学习强国等网络平台,通过线下交流会或线上以会代训的形式组织督查人员和督查联络员的培训学习。定期开展干部业务培训及考试,考试通过后才能拿到证书,争取人人持证上岗。编订人员业务手册,方便及时查阅。

另一方面,重点加强员工遵纪守法、廉洁奉公责任意识的培养。通过案例分析、专家讲座和警示教育基地参观等形式,强化员工责任意识,使其远离权、色、钱的诱惑,保持廉洁、正直的工作作风,在实施督查过程中,做到恪守职业操守,抵制不良歪风。

2. 晋升机制

改变传统的用人观念,打破只升不降的用人模式,这样才会使督查内部各级各部门领导有紧迫感和责任感。引入用人竞争机制,竞争是创造革新的永恒动力,只有通过竞争才会使人产生责任感、紧迫感,提高工作质量和工作效率,同时也促进干部队伍年轻化。这样做就会避免年龄结构老化所造成的压职压级矛盾,有利于队伍的稳定和发展,更好地适应社会经济发展

的要求。

第一,加强督查干部的选配工作。不能只考虑单一能力素质,要综合考察候选干部的政治、业务、品质等多个方面,严防任人唯亲的现象发生,要奖惩并用,通过提供到基层的实践锻炼机会,让一些优秀人才脱颖而出,不断壮大干部队伍,同时,要进一步充实政务督查队伍人员力量,优化队伍结构。

第二,加强督查干部的培养工作。要善于营造浓厚学习氛围,加强政务督查专项业务培训和交流,加强干部间横向交流和交叉学习,做到学以致用、用以促学、学用相长,着力提升政务督查人员的业务技能和专业素养。加大业务培训和经验交流力度,鼓励和支持督查干部参与形式多样、内容丰富的岗位职业能力培训,帮助督查人员了解熟悉督查工作的具体流程、规则和权限,更好地发挥自己的专业知识能力。

第三,主动询问和关注督查干部工作生活中的困难和问题,特别是对敢于碰硬较真的督查干部更是要撑腰鼓劲,坚决防止"前面冲锋、后面拆台"的现象,充分保护其工作积极性和主动性。要多关心关注督查干部的工作生活,善于为其解决自身存在的困难和问题,着力改善督查干部工作待遇,为其解决后顾之忧。

第四,切实加强督查队伍作风建设。选派求真务实、公道正派、敢于担当、坚持原则的督查干部开展督查工作。要严于律己,严格遵守各项制度规定,廉不言贫,勤不言苦,埋头苦干,无私奉献。

一切督查工作都是为推动工作落实服务的,督查人员在面对当前新变局下的新任务时应当具有新的督查思维方式和工作方法,必须勇于打破过于发号施令、单打独斗、被动应付等固有陈旧的思维定势。

四、督查工作技术层面建议措施

1. 建立信息共享平台

随着网络媒体的快速发展,信息实时共享已经成为当今社会信息交流的重要趋势,为适应形势发展要求,国有企业可以在网络信息化建设方面进行有益的尝试,建立信息共享中心,将行政重要工作部署、重点工作、领导重要批示全部纳入网上平台进行督办,工作落实情况可随时更新、随时查阅,公司领导可随时对工作进展情况进行审阅并批示,同时还可以增加以信息反馈的时效性和反馈质量为重点的考核程序,基本实现了系统自动考核,有效减少了人为因素,大大促进了督办工作效率和工作质量的提高。90%以上的重点工作通过网上进行督办。

定期将公司党政重点工作落实情况以《督查简报》的形式呈报公司主要领导,对存在的问题进行剖析并提出合理化建议。通过通报的方式,能够有效发挥督办工作服务领导、服务中心工作的重要职能,同时也是对各级部门工作行为的有效督查。督查工作有严格的时效性,必须快办、快查、快结、快反馈。因此,有必要进一步完善督查工作网络体系,提高督查工作质量和效率。

一是开发全程网上督查系统。以区内现有的 OA 系统为平台,开发督查子系统,将能够在线处理的督查事务搬到网上,通过自动生成、闭环运转、责任覆盖等信息化手段,实现智能化督查督办。例如,对党务工作报告、日常部门工作报告、会议议定事项、领导交办事项等督查任务,分门别类进行整理,明确和划分相关的责任单位,一次性导入督查系统,在系统中实现交办、催办、反馈和统计,让事项办理进度和结果一目了然,交办、承办、督办无缝衔接。

二是推进全网全程管控。网上督查系统涵盖督查事项登记立项、分解交办、提醒驳回、反馈跟踪、评价考核等功能的一整套闭环运行机制。在立项环节,督查事项可以自动生成事项序列号,只有办完才能予以销号;在交办环节,针对某个督查事项,系统自动生成条目,形成多级标题,分解到具体承办单位,同时为保证领导指示批示的可持续性,可在交办板块中设置"新增领导指示批示"功能,用以随时补充有关领导对督查事项追加的指示批示和办理要求,将每个督办件自始至终跟踪督办到底,严防半途搁置;在承办环节,督查机构可以随时了解承办单位对督办事项的办理时间是否到期、办理的进度和实时效果,承办单位在督查事项办理的各个阶段也可以持续提交补充资料,达到督办要求;在评价环节,督查机构可以对承办单位是否及时签收、是否及时回复、办理质量、群众满意度等方面进行综合评价,并将评价结果反馈至区委领导和承办单位领导从而奖优罚劣,对督办中的先进经验进行总结和发扬,对问题和不足予以整改和完善。

三是探索内外网快捷转换。在保密工作要求越来越严格、越来越具体、越来越下沉的当下,督查机构时常办理一些涉密件,虽然国有督查机构已经自上而下建立起一套内网系统,但此内网系统目前只向下延伸至区县一级的党委办公室,街道(乡镇)、区(县)直部门等最基层的承办单位往往难以获取即时的涉密信息传递。为此,可尝试对密件中的非涉密信息进行单独提取,然后通过物理隔离方式导入非密通道,继而在全区网上督查系统中以短信形式发给承办单位,在满足保密要求的基础上达到及时提醒、及时交办件的效果。综上,"互联网+督查"平台的建立,可以尽可能减少繁冗的传统督查环节,实现点对点的即时快速反应。(完善督查网络体系建设推广"互联网+督查"平台区级党委督查效能提升研究武汉)

在智能化、信息化的大背景下,探索建设地方政务督查督办"一张网"的信息系统,对督查工作全过程实行网络化、信息化管理,形成动态跟踪、实时督办、及时反馈、全程留痕的事前事中事后管理机制,切实提高政务督查效率。科学设计政务督查信息网络系统功能,实现10个"一张网"建设,即干部信息、专家学者、目标任务、专项督查、批示办理、督查通报、工作日程、统计分析、学习交流、考核评比"一张网"。积极探索政务督查移动办公系统,缩短业务处理时间,节省人工成本,实现信息直达、反馈高效。

2.建立科学的督办工作流程

主要包括拟办立项、交办催办、反馈核查、评价归档四个环节。拟办立项主要是督办发起部门根据公司领导批示、会议决议等内容,起草督办任务,明确落实事项、具体要求、紧急重要程度、承办单位、配合单位、完成时限和反馈时限。然后根据拟办事项的重要程度进行立项,一般事项经督办发起部门负责人审批后即可立项,重大特殊事项经分管领导或总经理审批后立项;交办催办是督办发起部门将已立项的督办交由承办单位,承办单位收到督办任务后,按照要求牵头组织有关部门和单位共同办理。督办发起部门根据督办办理情况,对没有按时反馈或督办落实质量不好、反馈不清楚的督办及时进行催办;反馈核查是承办单位对督办任务的完成情况及存在问题进行反馈、提交至督办发起部门,督办发起部门对存在问题进行协调解决,对已完成的督办进行核查,确认是否完成及完成质量;评价归档指督办发起部门对督办反馈核查情况进行汇总整理,报公司领导审阅后,按照督办考核标准,对督办反馈情况、完成质量进行考核评价,对未完成的督办继续督办,对已经完成的督办进行保存备查。

五、督查工作创新层面建议措施

面对新情况、新问题,督查工作应不断地创新,永葆生机与活力。要善于运用新思维、新理论,从实践中探索、总结,从群众中吸取智慧和力量,不断将督查结果进行反馈,总结提升,不囿于旧的框架,积极听取新鲜的意见,创新督查工作机制、工作思维,让督查富于创新,发展到较高层次,达到较高的品位,创出新时期督查工作的新特色。

1.创新督查工作机制

第一,加强顶层设计和统筹安排,形成督促检查合力。系统出台制订督促检查工作年度计划和阶段性安排,在实践中不断优化推进精细化任务台账管理,增强工作的系统性、科学性、预见性。由办公室牵头,有关部门办公室负责同志参加,研究督查工作中的重大理论和实践问题,加强对督查工作的统一领导,通过召开线下讨论会实施联合督查,实现督查信息在信息平台共建共享,整合督查资源和力量,改变督查内容重复交叉、督查过多过滥的问题,发挥各方面作用,做到上下贯通、横向联动、内外结合,形成强大合力。

第二,深入调查研究,充分运用督促检查结果。要把"大督查"和"大考评"结合起来,将督查结果运用纳入组织人事部门对领导班子成员、领导干部的综合考核评价内容的一部分,探索实施负面清单管理制度,着力增强督查工作的权威性和执行力;对发现的不落实或者执行偏差问题,要认真纠正整改、汲取教训,通过运用各种督查方法,变被动督查为主动督查,对重点问题"点穴式"明察暗访,将阶段督查和全程督查有机结合,用严肃认真、一丝不苟的态度去摸清基层实际情况,严厉打击弄虚作假、敷衍应付的不良作风,倒逼督查工作进行创新;补齐结果运用不足的短板,加强跟纪检督查机关和组织部门的工作对接。

2.创新督查工作思维

一要突出一个"深"字。督查之前,要吃透文件精神,理解督查意图,既要主动介入,深入基层,深入群众,又要把握分寸,在督查中不要颐指气使,也不能当"和事佬"。要不断提高善于发现决策实施过程中的矛盾和问题的能力,为实现督查工作"查必清、清必办、办必果"的目标打下深厚基础。

二要把握一个"细"字。为确保督查工作公平,督查方法一定要有很强的可操作性,避免具体工作中"断章取义,各取所需"。做到到位而不越位,适当而不过当,不搞想当然,不借题发挥,要透过现象看本质,在一般中挖掘"个别",在普遍中寻找"特殊"。既要看到落实工作中好的一面,又要看到阻碍或干扰决策顺利实施的梗阻环节。区别主观与客观,主要原因与次要原因,找准根由。

三要讲究一个"活"字。灵活多变的督查方法,可以查出实情,确保政令畅通。呆板单一的督查方法,最容易使督查对象拿出虚与应付的办法,其结果是查而不实。要根据情况选择灵活多样的督查方式,可以借他山之石,攻我之玉。

四要力求一个"新"字。面对新情况、新问题,督查工作应不断地创新,永葆生机与活力。要善于运用新思维、新理论,从实践中探索、总结,从群众中吸取智慧和力量,或是将有效的督查结果综合整理出来,送有关部门或领导参阅,使督查的成果转化为领导的决策成果,这样督查才能富于创新,才能发展到较高层次,达到较高的品位,才能创出新时期督查工作的新特色。

六、督查工作员工层面建议措施

为政之要,贵在务实,重在落实。贯彻落实重大决策部署与领导重要指示精神,督查督办就是一项必不可少的环节。它是确保政令畅通及重大决策部署落到实处的重要手段,是改进工作作风、提高工作效率、充分发挥督查抓落实,促发展的"利器"作用的有效措施。如果把各部门喻为各项工作中顽强拼搏的"运动员",那么督查就是在抓落实工作中不可或缺的"裁判员",因此督查工作十分必要,且应当实事求是,严肃认真,既要带着感情抓督查,又要不循私情,敢于"较真",敢于"亮剑",敢于碰硬。

1. 强化督查工作重点

抓落实。督查即督促进度检查质量,督查是提醒责任主体发现问题、指导运作、解决困难、总结经验的系统运作过程。毕竟领导决策的制定和实施方案的部署,只是进行了一半,还有更重要的一半就是确保决策和部署的贯彻落实。决策和督查紧密相连,相辅相成,没有决策,督查就失去了存在的前提和条件;离开了强有力的督查,决策就有可能停留在纸上、会上、口头上。

抓效率。抓督查就是抓提速增效,着力解决抓而不紧、抓而不实、落实重点不够突出等突出问题。这不仅助推了各部门各单位实现工作的快节奏,高效率,也更好地诠释了新时期政府的务实和高效,这才是督查工作的根本出发点和最终归宿。

抓服务。就是服务领导工作,提高干部执行力,促进各项工作落实。督查绝不是单纯地施加压力,更不是因督查增加各部门各单位的负担,而是将督查作为变压力为动力的重要推手。尤其是当前一些政府机关和部门在落实决策方面不同程度地存在布置多、检查少,浮在上面多、深入基层少,以会议落实会议多,以文件落实文件多的问题,通过督查产生士气提升、问题解决、效果增强等综合效应。

2.树立督查工作原则

一是快。工作要雷厉风行,说干就干,本着"快办快查快结"的原则,日事日了,做到件件着落快,件件回音快。并针对督查发现的问题提出有见地、有可操作性的意见和建议。

二是严。就是要严肃认真,在督查过程中要行得端、坐得正,绝不可胡督乱查,对于发现的问题,该怎么处理就怎么处理,绝不可姑息迁就,做到查则必清、清则必办、办则必果。确保全市各项工作更好地落到实处。

三是准。督查工作是一种服务领导行为,开展督查也是领导行为的延伸,完全属于遵令进行,奉命行事。领导有"令"要坚决去办,无"令"则不能擅自去办,更不能打着领导的旗号自己去办。要察实情,说实话,办实事,有喜报喜,有忧报忧,准确反馈督查结果,不向领导打"埋伏"。

四是硬。就是要敢督敢查敢碰硬,要敢于一针见血地指出问题,敢于提出限期整改的意见和要求,敢于对矛盾较多的地方进行督查、督办,挖掘深层次的问题,敢于不为人情左右,不计个人得失。充分使用好组织赋予的权力,一督到底,务求落实。对屡督不改的,要通报处分,通过督查,形成"落实不好不行、不落实更不行"的氛围。工作中要扑下身子,耐住艰苦,有一种能打硬仗的拼劲,面对不同的督查对象,要坚持原则,分清是非,秉公办事,顶住说情、讽刺、刁难各种干扰,以无畏的勇气,浩然的正气查出实情,树立督查的权威。

3.加强督查工作宣传教育

积极推进理论创新和宣传思想工作创新,充分发挥企业宣传部宣教工作在国有企业转型发展进程中的政治引领作用。制订切实可行的年度工作计划,有针对性地深入基层开展企业员工思想状况调研,加强对集团和本企业的发展愿景、战略规划及长短期决策部署在广大员工群众中的认知灌输和信息反馈。并且能够及时根据信息反馈掌握员工群众的思想动态和利益诉求点、线、面,有针对性地给予守正引导、解疑释惑和实际帮扶,通过员工座谈会、入户走访、送温暖等活动,了解员工在想什么、需要什么、处于什么状态?摸清情况汇总后适时提交工会领导以职代会讨论的形式寻求解决,从而实现既保障企业利益,更维护员工群众合法诉求的目的,赢得企业和广大员工的双认可。

　　具体的方法有:印制督查工作宣传手册,及时发放给每个部门每个员工;设立宣传部门,每周在宣传长栏中展示督查工作相关宣传教育等内容。

参考文献

[1]黄建广.关于新时代国有企业效能监察工作的若干思考[J].全国流通经济,2020(28):46-48.

[2]贾志雷,程明俊.企业效能监察信息系统的设计与实现[J].信息与电脑(理论版),2021,33(16):120-122.

[3]王利军.发挥纪委监督作用 做好企业效能监察工作[J].中国水泥,2020(05):70-72.

[4]林立.分析效能监察在地勘单位经济发展中的作用[J].今日财富,2020(11):65-66.

[5]段雅萍.新形势下企业效能监察存在的难点问题及对策研究[J].时代报告,2019(12):94-95.

[6]许敏盟.对国有企业效能督查的思考[N].咸阳日报,2019-11-11(A03).

[7]张建平,黄富.巡视监督、自主创新与高质量发展:基于国企准自然实验的证据[J].外国经济与管理,2021,43(12):3-18.

[8]李洋,赵爽,宋红慧.国有企业效能监察管理优化研究[J].企业改革与管理,2021(05):40-41.

[9]汪阳.国有石化企业效能监察发展研究[J].中国石油和化工标准与质量,2021,41(04):76-78.

[10]刘小权,周峰.从负面清单管理模式看高校行政效能监察治理[J].中国高校科技,2019(S1):33-35.

[11]陈平.浅谈山阳煤矿效能监察"5+"模式的探索与实践[J].中外企业家,2020(01):212.

[12]徐德胜,云庆兵,谭丽丽,等.效能监察在火电厂等级检修中的探索与实践[J].企业改革与管理,2020(05):193-194.

[13]杨柳.国有企业人力资源管理绩效考核问题分析[J].经济管理文摘,2021(24):118-119.

[14]王琼.浅谈精细化管理在国企绩效管理中的应用[J].中小企业管理与科技(下旬刊),2021(12):4-6.

[15]魏颜芳.绩效考核对国企人才培养的激励作用分析[J].企业改革与管理,2021(17):93-94.

[16]姚琳.绩效管理在国企人事机制改革中的推动作用[J].经济研究导刊,2021(24):79-81.

[17]顾学良.国有企业绩效考核的现状与对策探讨[J].财富生活,2021(16):165-166.

[18]张建国.激励视角下绩效薪酬在国有企业管理中的实践作用探析[J].全国流通经济,2021(22):122-124.

[19]黄玉峰.国企人力资源管理中绩效考核的设计研究[J].中国产经,2021(20):126-127.

[20]肖海兵.基于胜任力模型的国企员工职业生涯规划的研究[J].商讯,2021(30):181-183.

[21]任东峰.国有企业绩效考核问题探究:基于民生保障与应急保供背景[J].财会通讯,2021(22):109-112.

[22]肖土盛,孙瑞琦.国有资本投资运营公司改革试点效果评估:基于企业绩效的视角[J].经济管理,2021,43(08):5-22.

[23]陈和秋.宁波鄞州人大探索搭建人大国资管理绩效评价指标体系[N].民主与法制时报,2021-09-10(001).

[24]吕悦.关于如何做好水电企业督查督办工作的思考和探索:以国网浙江紧水滩电厂为例[C].//中国电力企业管理创新实践(2020年),2021

(11):363-365.

[25]陈曦.基层央行督查督办工作刍议[J].青海金融,2021(10):62-64.

[26]林梅.农业科研单位督查工作提升与创新思考[J].办公室业务,2021(03):97-98.

[27]陈佳杰,万玉.关于加强国有企业督查督办工作的思考[J].企业改革与管理,2020(15):38-39.

[28]段青.新形势下如何做好国企党委督查工作[J].中国有色金属,2020(22):64-65.

[29]王俊,王敏涛,马锦燕.基于"互联网+"的督办体系建设实践[J].中外企业家,2017(36):33-34.

[30]王小国.提升国企纪检督查工作的方法[J].办公室业务,2019(16):79.

[31]韩秦鹏.做好油企督查督办工作须下足"五个硬功夫"[J].中国石油企业,2021(03):70-71.

[32]崔晓刚.浅谈如何做好大型企业集团督查督办工作[J].中小企业管理与科技(中旬刊),2020(05):152-153.

[33]闫清波,周波,王洪波,等.基于提升地市供电公司工作成效的督办工作体系研究[J].农电管理,2019(08):28-30.

[34]孙志廷,张超.构建规范高效的电力企业督查督办工作体系[J].企业管理,2020(S2):138-139.

[35]王懿.提升办公室督查督办效能的有效途径探究[J].办公室业务,2020(12):83-84.

[36]刘春梅.关于提升国有企业内部监事会履职效能的思考[J].中小企业管理与科技(中旬刊),2021(07):139-140.

[37]陈超群.监察督办工作在电力企业中的具体应用[J].中外企业家,2016(36):88-89.

[38]张慧.国有企业外部监督机制研究[D].福州:福建师范大学,2014.

[39]张楠.新时代全面深化改革背景下中国特色国有企业监督体系刍议[J].山东行政学院学报,2021(01):16-24.

[40]闵莎.区级政府行政效能督察问题及对策研究:以郑州市管城回族区为例[D].郑州:郑州大学,2014.

[41]李晓沛.河南跨境电商的创新发展[J].区域经济评论,2018(02):97-101.

[42]四川中烟办公室.提升办公室督查督办执行力[N].东方烟草报,2020-12-09(003).

[43]黄俊荣,高倩.组织冗余、产权性质差异与企业过度投资[J/OL].重庆工商大学学报(社会科学版):1-11[2021-12-09].http://kns.cnki.net/kcms/detail/50.1154.c.20210714.1756.004.html.

[44]张伟华,高冰莹,刘金钊.混合所有制改革对国有企业冗余雇员的影响[J].中国软科学,2021(02):98-110.

[45]李周亮.独立董事、冗余资源与研发投入[D].武汉:武汉理工大学,2020.

[46]朱芳芳.可用冗余与研发投入:股权激励与破产距离的联合调节[J].现代财经(天津财经大学学报),2019,39(02):84—100.

[47]王彦萌.组织资源冗余、数字技术应用与企业成长[D].济南:山东财经大学,2021.

[48]向未名.省属国企混合所有制改革、管理者权力与高管薪酬研究[D].昆明:云南财经大学,2021.

[49]董星敏.内部监督约束对国有企业社会责任履行的影响研究:基于国企分类改革视角[D].西安:西安理工大学,2021.

[50]翟艳艳.A国有企业内部审计与纪检监察协同监督研究[D].济南:山东大学,2021.

[51]王海华.加强国有企业内部监督体系建设的路径分析[J].企业改革与

管理,2021(17):46-47.

[52]陈文龙.强化国有企业内部监督体系建设的若干思考[J].福建冶金,2020,49(02):56-59.

[53]陈超群.督察督办工作在电力企业中的具体应用[J].中外企业家,2016(36):88-89.

[54]宝鸡市金台区地方志编纂委员会.宝鸡市金台区志:1990~2010[M].西安:三秦出版社,2016.

[55]刘帅.构建统筹规范的国有企业督察督办工作体系[J].中国商界,2019(Z1):116-119.

[56]首问负责制让矿工不再"头疼"[J].工会信息,2012(10):47.

[57]陈文瑛,朱军.重庆:强化供电服务"首问负责制"[J].中国电力企业管理,2015(24):17.

[58]康敏.管理团队稳定性对项目绩效的影响研究[D].长春:吉林大学,2021.

[59]渠敬东.项目制:一种新的国家治理体制[J].中国社会科学,2012(05):113-130+207.

[60]贾鸾.重要情况通报和报告制度解读[J].中国监察,2006(18):55.

[61]谭振广.事业单位绩效考核指标体系的构建与优化研究[D].青岛:青岛大学,2020.

[62]董娟,谢明东.论PDCA循环管理方法在项目后评价中的运用[J].中国石油和化工标准与质量,2018,38(10):66-67.

[63]李红.国有企业投资责任追究相关问题研究[J].中外企业家,2020(09):11-12.

[64]程季.成都:督查督办力促责任追究到位[J].中国纪检监察,2016(18):45-46.

[65]高金花.办公室督查督办工作及相关问题研究[J].办公室业务,2017

（16）：112.

[66]王鑫鑫.行政约谈研究[D].北京:北方工业大学,2021.

[67]张强.国家表彰行为的价值引导功能研究[D].北京:中国青年政治学院,2012.

[68]市人民政府办公厅关于印发近期市政府重大事项督办落实情况的通知[J].贵阳市人民政府公报,2011(09):27-29.

[69]马鞍山市人民政府办公室关于节假日及时接收办理反馈市政府交办事项的通知[J].马鞍山市人民政府公报,2011(05):29.

[70]蒋静.国网山西电力构建企业督察督办体系的做法与成效[J].企业改革与管理,2019(21):52+74.

[71]林莉.企业成本管理效能监察办法与保障措施研究[J].中国电力教育,2009(14):251-253.

[72]冯荆涛.有效控制内部成本的效能监察策略[J].中国电力企业管理,2001(01):39-40.

[73]章钦铄.企业加强基础管理应从班组建设抓起[J].中国电力教育,2009(14):253-254.

[74]谷雨,王成璞,焦洪岭,等."预控式"监管模式下海事执法资源效能影响因素的辨识体系[J].中国海事,2019(12):38-41.

[75]史林友.以台账式实绩管理激发干部干事创业热情[J].领导科学,2015(15):38.

[76]赵玲霞.台账式管理方法在高校党组织政治生活的应用研究[J].广东水利电力职业技术学院学报,2018,16(03):38-41.

[77]农户信息台账式管理 助推基层服务规范化[J].中国民政,2015(05):41.

[78]邱勇.构建工程建设领域督查制度探索[J].中国监察,2011(14):34-35.

[79]李威.加快构建工程建设领域新型信用监管机制[J].中国信用,2019,35(11):118-119.

[80]戴群.智慧校园背景下高校档案馆从双套制到单套制管理的探索与实践:以西北民族大学档案馆为例[J].城建档案,2021(11):135-137.

[81]侯春莉."互联网+"视域下提升高校档案馆服务能力研究[J].新闻前哨,2021(04):124-125.

[82]燕珊.基于信息技术下高校档案馆的发展方向[J].黑龙江档案,2021(05):264-265.

[83]王迪.纸质档案与电子档案融合管理创新的研究[J].科技视界,2021(27):75-76.

[84]范志伟.建立计算机信息网络系统提高档案管理效率[J].职业技术,2010(05):77.

[85]陈碧燕.浅议档案管理信息化建设[J].办公室业务,2012(09):8.

[86]李月.浅析高职院校档案信息化建设的现状、问题与对策[J].知识文库,2020(17):197-198.

[87]孙浩.电子档案管理与传统档案管理的利弊与融合[J].办公室业务,2021(06):115-116.

[88]苏悦,杜丽杰.信息化背景下的传统档案和电子档案的交互作用[J].求知导刊,2015(10):92.

[89]叶邦银,凌华.问责制嵌入行政事业单位内部控制的多维路径研究[J].中国行政管理,2021(07):64-69.

[90]龚亚南,李蓓.借助"五位一体"管理流程全面提升督察督办效率[J].江西电力,2016,40(03):41-43.

[91]陈琳.基于"五位一体"的企业督察督办管理实践[J].中国经贸,2015(24):72.

[92]陈晓东.企业效能督察信息系统的设计与实现[J].信息与电脑(理论

版),2021,33(10):154-158.

[93]王运征,张文博.中国有色集团召开中央生态环境保护督察典型案例警示通报督办会[J].中国有色金属,2021(19):20-21.

[94]杜明俐.国家能源局研究部署生态环境保护督察整改工作[J].中国电业,2021(02):4-5.

[95]崔宇.生态环境保护视角下工业企业总图运输设计优化[J].中国新技术新产品,2020(06):124-125.

[96]国家能源局公开第二轮中央生态环境保护督察整改方案[J].中国电业,2021(09):6-7.

[97]吴海峰,杨文,胡湛.对企业年报公示制度的再思考:基于数据分析运用的角度[J].中国市场监管研究,2018(04):29-32.

[98]相广新.基于新时代背景下的高职院校国有资产管理[J].辽宁高职学报,2019,21(09):25-28.

[99]刘瑞芬.新时代背景下高校国有资产管理创新探究[J].南昌师范学院学报,2018,39(03):96-99.

[100]刘亚娜.公务员奖惩制度与公务员廉政建设[J].行政论坛,2003(05):61-63.

附　录

1.《督查日报》抬头、内容及格式

近期重点工作督查督办进展台账（在办）								
集团公司督查办					20××年××月××日			
序号	工作任务	责任领导	牵头部门（单位）	联络人（责任人）	办理时限	最近发展情况	需要协调工作	备注
1								

2.《督查周报》抬头、内容及格式

督查周报

【2021 年第 8 周（2021 年 2 月 20 日—2020 年 2 月 27 日）】

集团督查办公室　2021 年 2 月 28 日

一、整体情况及改革脱困专项督查进展

需要对"部分项目"和"整体办结情况"进行统计，将处于在办、已办结、合计状态的"重点关注事项"、"深化改革重点项目"、"全年督查事项"数量进行统计，分别计算其办结率并形成图表。

二、上级交办重点工作情况

三、班子会重点工作督查办理情况

四、重要文件制度督查办理情况

五、下一步督查工作重点

3.《督查通报》抬头、内容及格式

督查通报

（××××年第×期）

集团督查办公室　　××××年××月××日

关于某某情况的督查通报

一、整体情况及可学习做法

二、存在的问题和现象

三、有关要求

4.《督查专报》抬头、内容及格式

督查专报

集团督查办公室　　　第 1 期　　　2020 年 10 月 20 日

××情况督查专报

一、整体进展情况

二、督查发现问题

三、下步工作要求

附件2

机关部室共性考核指标

序号	项目	权重	年度目标	考核办法	考核部门
1	安全	30%		依据考核办法及完成情况,计算分值(附件7)	安全健康环保督查局
2	利润总额	50%	22000 万元	依据完成情况计算分值	财务管理部
3	营业收入	20%	1850 亿元	依据完成情况计算分值	财务管理部
	合计	100%			

附件 3

机关部室绩效考核自评表

第　　季度

部室：	自评得分：
加扣分情况：	
备注事项：	
部室负责人意见： 年　月　日	分管领导意见： 年　月　日

备注:将打分明细作为附件一并报送。

附件4

机关部室绩效考核指标得分情况反馈表

部室：　　　　　　　　　　　　　　　　　　　　　　第＿＿＿＿＿＿＿季度

绩效考核指标		权重	得分	绩效系数	考核部门
共性考核指标	安全	30%			安全健康环保督查局
	利润总额	50%			财务管理部
	营业收入	20%			财务管理部
	合计	100%			
专项考核指标	1.工作职责履行、重点工作开展类				综合考核组
	2.会议组织、文字材料质量类				综合考核组
	3.督查、督办事项,上级及公司领导批评、表扬类				综合考核组
	4.工作协调类				综合考核组
	5.工作纪律类				综合考核组
	6.其他类				综合考核组
	合计	100%			

附件5

机关部室年度工作测评表

部门： 　　　　　　分类:主要领导□　分管领导□　机关部室□　基层单位□

考核指标	分值 （共100分）	考核要点及标准	评分	总体评价
执行力	30	用心做事,作风过硬,具有强烈的事业心、责任心和进取心,在工作上切实做到"踏石留印、抓铁有痕"。落实集团公司各项工作部署迅速到位,高效完成		
部门业绩	25	对机关部室业绩考核结合部室职责要求进行评价,重点考核工作质量与效率		
服务意识	15	能够找准工作定位,牢固树立和不断强化服务基层的意识,眼睛向下看,重心向下移,面向基层深入基层,急基层之所急,想基层之所想		优秀□ 良好□ 一般□ 较差□
廉洁自律	20	围绕企业发展方向、严于律己,自觉遵守党风廉政建设的各项规定;为人正派,慎独慎行,本系统及身边工作人员、亲属无违法违纪行为		
沟通协调	10	发展目标,认真分析,加强谋划,发挥好参谋作用;能够妥善处理各方关系,注重协调好部室之间关系,增强工作的整体性与均衡性		
合计				

附件6

机关部室绩效考核加分申请表

申请部门：	自评奖励分数：
奖分事项：	
部门领导意见： 年　月　日	分管领导意见： 年　月　日
绩效领导小组意见： 年　月　日	

备注:若有证明材料请作为附件一并报送。

附件 7

机关部室安全绩效考核细则

考核部门	扣减得分			奖励得分
	未实现安全零目标	非伤亡事故	安全责任制落实	
各直属分公司	集团公司季度内未实现安全环保零目标,发生一般死亡事故及一般环保事件,对事故业务平台公司扣 15 分;对其他平台公司扣 5 分;发生较大及以上死亡事故以及发生较大环保事件,对事故业务平台公司扣 20 分;对其他平台公司扣 10 分;实业平台公司季度内发生一人次重伤事故扣 5 分	季度能源平台公司、化工新材料公司业务内发生一级非伤亡事故扣 5 分/次;实业平台公司业务内发生一级非伤亡事故扣 10 分/次,发生二级非伤亡事故扣 5 分/次	责任制落实不到位 1~2 分/项	集团公司季度内消灭人身死亡事故和杜绝一般及以上突发环境事件,实现安全环保零目标,对各平台公司分别奖励 20 分
其他行政部门	集团公司季度内未实现安全环保零目标,发生一般死亡事故及一般环保事件,对其他部室扣 10 分;发生较大及以上死亡事故以及发生较大环保事件,对其他部室扣 20 分	集团公司季度内发生一级非伤亡事故扣 3 分/次	责任制落实不到位 1~2 分/项	集团公司季度消灭人身死亡事故和杜绝一般及以上突发环境事件,实现安全环保零目标,对其他部室分别奖励 20 分

附件8

机关部室绩效薪酬分配明细表

部室：　　　　　　　　　　　　单位:元　　　　　　　　日期：

序号	姓名	月度绩效薪酬包核算				二次分配后的月度绩效工资	备注
		月度绩效薪酬基数	共性指标考核系数	专项指标考核系数	绩效薪酬包		

部室负责人：

附件9

关于调整各公司部分议事协调机构的通知

集团公司党委党的建设工作领导小组

集团公司党风廉政建设领导小组

集团公司惩治和预防腐败体系建设领导小组

集团公司党委"以案促改"制度化常态化工作领导小组

集团公司党委巡察工作领导小组

集团公司意识形态工作领导小组

集团公司网络意识形态工作领导小组

集团公司企业文化建设领导小组

集团公司安全生产与环境保护委员会

集团公司信访稳定工作领导小组

集团公司深化企业改革领导小组

集团公司人才工作领导小组

集团公司党委审计委员会

集团公司绩效考核管理委员会

集团公司督查委员会

集团公司党委机构编制管理委员会

集团公司思想政治工作人员中级专业职务评定委员会

集团公司防范化解债务风险工作领导小组

集团公司"十四五"发展规划编制工作领导小组

集团公司清欠工作领导小组

集团公司"三大改造"工作领导小组

集团公司"智慧管理"项目建设领导小组

集团公司"双创"工作领导小组

集团公司煤炭产品销售价格管理委员会

集团公司化工产品销售价格管理委员会

集团公司安全高效矿井建设考核领导小组

集团公司煤矿重大灾害防治工作考核领导小组

集团公司保密工作领导小组

集团公司密码工作领导小组

集团公司档案工作领导小组

集团公司内部设备调剂管理领导小组

集团公司"三供一业"财政补助资金清算工作领导小组

集团公司企业年金管理委员会

附件 10

关于成立集团督查委员会的通知

为进一步加强对集团公司督查工作的领导,经研究决定,成立督查委员会,负责集团公司督查工作的组织领导、统筹协调等工作。

委员会设置主任及副主任,其余人为委员会成员。

督查委员会主要职责:

1. 负责贯彻落实上级和集团公司关于督查工作的精神、决策、政策等。

2. 负责全面督促检查集团公司重大决策部署贯彻、执行和落实情况。

3. 负责督查机构设置、体制构建、机制优化、制度建设、流程设计、计划制订等工作。

4. 负责召开督查委员会会议、督查工作会议、督查联席会议等会议,听取各单位、各部门督查工作开展情况,协调解决督查工作中的问题。

5. 负责督查队伍管理,组织督查工作人员培训,对督查人员选任、交流提出意见建议。

6. 负责集团公司交办的其他督查范畴事项。

督查委员会下设办公室,办公室设在综合办公室。办公室主任由蔡胜之兼任,成员由综合办公室、各部门督查工作人员和各单位督查工作联络员组成。

督查委员会办公室主要职责:

1. 在督查委员会领导下,承担日常性工作。

2. 负责督查委员会决策事项的贯彻落实。

3. 负责组织协调各单位、各部门开展督查工作。

4. 负责落实督查委员会交办的其他事项。

附件 11

集团公司督查责任追究办法(试行)

第一章 总 则

第一条 为规范和强化督查责任追究工作,根据《集团督查管理办法》,结合《集团员工奖惩暂行规定》,制定本办法。

第二条 本办法所称督查责任追究是指,督查过程中发现因不履行或者不当履行职责,致使工作推进不力、未达到预期目的,或造成集团公司较大经济损失及不良社会影响的各单位、各部门及其工作人员,追究其相应责任与处理。

第三条 督查责任追究应当坚持依法依规、实事求是,事实清楚、证据确凿,定性准确、处理恰当,程序合法、手续完备的原则。

第二章 责任追究情形

第四条 在督查过程中,发现有下列情形之一的,追究相关单位、部门或工作人员的责任:

(一)无正当理由拒绝、放弃、推诿工作任务的;

(二)不作为、不落实、假落实等影响工作整体推进的;

(三)不依照规定程序、权限推进工作,乱作为造成不良影响的;

(四)因工作措施不得力、行动迟缓,且未按规定办理延期申请,超过规定落实时限的;

(五)落实集团公司重要制度"棚架"的;

(六)报送的相关材料中存在重大错误、严重失实,虚报瞒报工作进度、成效的;

(七)工作中把关不严,或工作质量未达到要求,退回补办、重办后仍未

达到要求的;

（八）未能如期报送办理情况,催办后仍未报送的;

（九）拒绝、阻碍督查人员开展督查的;

（十）无正当理由拒不接受或执行督查部门下达督查建议的;

（十一）违反保密规定,对外泄露涉密性督查事项,或利用职务之便营私舞弊的;

（十二）督查考核积分倒数后2位的;

（十三）其他不履行或不当履行职责的情形。

第三章　责任追究方式

第五条　对单位、部门的责任追究方式包括:

（一）责令检查。对履行职责不力情节较轻的,责令作出书面检查并切实整改。

（二）通报批评。对履行职责不力情节较重的,责令整改并在一定范围内通报,同时对主要负责人进行约谈。被通报批评达3次(含)以上的,取消当年评先资格。

第六条　对责任人员的追究方式包括:

（一）责令检查。对履行职责不力情节较轻的,责令作出书面检查并限期整改。

（二）通报批评。对履行职责不力的,严肃批评,责令依规整改,并在一定范围内通报。

（三）诫勉。对失职失责情节较重的,以谈话或者书面方式进行诫勉。

（四）职务调整或者组织处理。对失职失责情节较重、不适宜担任现职的,根据情况采取停职检查、调整职务、责令辞职、降职、免职等措施。

（五）纪律处分。对失职失责情节较重的,依照《集团员工奖惩暂行规定》追究纪律责任。

（六）党内处分。工作人员为中国共产党党员的,由所在党组织按照《中国共产党章程》和《中国共产党纪律处分条例》等相关规定处理。

（七）移交司法机关。对违反国家法律的，移交司法机关处理。

第七条　对单位、部门和工作人员的责任追究方式，可以单独使用，也可以合并使用。

第四章　责任追究程序

第八条　责任追究由督查委办公室统筹协调、相关部门或单位组织核查以及实施问责。

（一）问题线索移交。督查委办公室负责督查的事项涉及需移交处置的，由督查委办公室将问题线索交纪检督查部门或有关单位，并提出问责建议；机关部门或有关单位负责督查的事项，要将问题线索交督查委办公室，并提出问责建议，由督查委办公室交纪检督查部门或有关单位。

（二）核查并提出问责意见。纪检督查部门或有关单位进行核查，认定问题性质，依法依规对责任单位、部门或工作人员提出问责处理意见；对涉及诫勉、组织调整或者组织处理的，要协调同级党委、纪委、党的工作部门提出意见；采取党纪处分方式问责的，按照党章和党内有关规定的权限和程序执行。符合容错免责的情形按照《集团容错纠错实施办法（试行）》执行。

（三）问责处理意见审核。督查委办公室将处理意见呈报督查委员会审议，对不当问责处理意见予以退回，并要求重新提出问责处理意见；对审议同意的问责处理意见，转有关单位或部门执行。

（四）实施问责处理。有关单位或部门要在 3 个工作日内，根据问责处理意见对责任单位、部门或工作人员进行问责，问责结果报督查委办公室。

（五）问责结果应用。督查委办公室将问责结果抄送纪委/督查部、党委组织部、人力资源部，作为干部管理、绩效考核重要参考，并视情进行内部通报或在集团公司门户网站、新闻媒体公开通报。

第九条　对事实清楚、证据确凿、具备问责条件的，可以不进行核查，由督查委办公室直接转交有关单位或部门按照管理权限处理。

第十条　被追究人对处理有不同意见的,可以依照相关规定提出意见申诉。申诉期间不影响处理决定的执行。经调查确属处理错误的,应予纠正。

附件 12

集团总部绩效考核办法（试行）

一、本办法适用的考核对象、内容及方式

（一）考核对象。本考核办法适用于集团公司各部室,事业部、共享中心、平台公司参照本办法执行。

（二）考核内容。对各部室的考核分为共性指标考核及部室专项指标考核。共性考核指标:包括集团公司安全、利润、营业收入三项指标。部室专项考核指标:根据集团公司重点工作、重点任务,结合部门所分管业务,设定3～7项可量化指标(附件2)。党建、清欠、亏损源治理、双预控体系建设、环保稳定等重点工作要根据分工纳入考核内容。部室专项考核指标中加分项每个单项指标不得超过2分,合计加分不得超过5分,其中:对省级主管部门、国家级行业协会表彰每次加1分、国家级(不含协会)表彰每次加2分。加分项目需经分管领导及主要领导签字后报绩效考核办公室(附件6)。按照“执行力建设年”要求,对纳入督查督办系统及下发督查通报的重点督办事项,工作进度上报不及时的,对责任部门每次扣0.2分;因工作开展不力,被上级部门或者集团公司领导点名批评的,对责任部门每次扣0.5分;对执行力强、事项跟踪落实到位、及时上报进展、高效办结的,每次加0.2分;得到上级部门及领导表扬的,每次加0.5分,具体奖罚情况以通报为准,奖罚分纳入当季度考核结果。

（三）考核方式。考核实行季度考评、年度测评相结合的方式。这些方法确实起到了激励效果,进一步强化集团公司总部绩效考核管理,充分发挥考核激励导向作用,突出能力素质和工作实绩,坚持收入与贡献相匹配、选人用人与贡献相结合原则,实施差异化激励机制,实现多劳多得,切实调动总部员工积极性、提高了工作效率。

二、成立领导小组,加强对考核工作组织领导

设立组长和副组长,成员包括有:工会、纪委督查部、综合办公室、党委组织部、安全健康环保局、战略发展部、人力资源部、财务管理部等相关部室负责人。

领导小组对各部室年度绩效考核目标提出要求、建议,对绩效考核管理进行指导、督查;积极完善绩效考核管理,综合权衡绩效考核结果;有权对绩效考核结果认定与仲裁。

(一)综合考核评价组。由综合办公室牵头,会同领导小组成员部室,负责绩效考核综合协调及督导工作。结合各部室的考核指标包括共性指标、专项考核指标,按照考核办法对各部室进行考核。

(二)考核结果应用组。人力资源部负责绩效考核结果在薪酬奖罚的兑现,根据绩效考核结果,对相应部室、个人进行薪酬奖罚兑现等结果应用。结合"市场化选聘、契约化管理、人本化激励、共性化督查"选人用人模式要求,党委组织部牵头,会同纪委督查部、工会等部门将各部室绩效考核目标完成情况、考核结果、年度测评结果作为选人用人、评选先进的重要依据,强化考核结果运用。

三、明确考核程序,严格执行考核标准

各部门根据集团公司下发的绩效考核指标,采取部门自评和总体考核相结合的方式进行考核,考核实行季度考评、年度测评,可具体量化的指标按照季度考核,指标中周期较长的工作按照业务部门所报工作进度进行考核,年底考核完成的视为完成。有上级部门考核的,上级部门的考核结果作为考核指标纳入考核。

(一)季度考评。每季度的首月,各单位根据绩效考核指标自行对上一季度工作进行自评,自评结果经部室负责人批准后(附件3),于当季度首月5日前通过 OA 系统汇交至考核办公室(督查办)。考核办公室对各项考核结果进行审核汇总后,每季度由绩效考核办公室(督查办)牵头,会同领导小组成员部室,对照考核指标,对各单位上季度工作完成情况进行综合考评,第四季度综合考评和年度测评一并进行。考评结果汇总后于当季度首月10日前报绩效考核领导小组,并对结果进行反馈(附件4),考核结果应用于下一季度的薪酬兑现。

(二)年度测评。年底在季度考评的基础上,实行集团领导班子评价、部门互评与基层单位评价相结合的方式进行测评,对机关部室的年度测评得分由四个部分组成(附件5)。

年度测评得分=主要领导打分(平均分)×20%+分管领导打分(平均分)×20%+机关部室互评分(平均分)×20%+基层单位打分(平均分)×40%。

四、强化考核结果运用,发挥导向作用

建立完善相关制度,强化绩效考核结果薪酬及组织运用,切实发挥好绩效考核的导向作用。

(一)绩效考核结果与薪酬兑现挂钩。结合《集团总部机关模拟年薪管理办法(试行)》要求,将考核结果应用于机关各部室薪酬核算。

1.月度薪酬核算

月度薪酬=月度基本薪酬(基本年薪部分)+月度绩效薪酬基数×上季度绩效综合考评系数。

季度绩效综合考评系数=季度共性指标考核系数×40%+季度专项指标考核系数×60%。

2.年度薪酬通算

年度通算薪酬={基本年薪+月度绩效薪酬基数总额×年度绩效指标考核系数+年度综合绩效薪酬基数×年度测评系数}×(1+工资增长系数)+专项考核奖罚。

年度绩效综合考评系数=年度共性指标考核系数×40%+年度专项指标考核系数×60%。

3.绩效考核系数

（1）共性指标考核系数：

共性指标考核系数＝共性指标考核得分/100。

共性指标考核系数按最高1.2、最低0.8,实行封顶保底。

（2）专项指标考核系数：

以90分为基准分,对应考核系数为1.0。实际考核得分在基准分基础上每加（减）1分（不足1分的按四舍五入计算）,考核系数对应加（减）0.02。

总助、副总师参照协管部室的平均系数确定。

（3）年度测评系数：

年度测评分数排前三名的,对应年度测评系数分别为1.05、1.03、1.01;排后三名的,对应年度测评系数分别为0.95、0.97、0.99;其他按1.0确定。

4.绩效薪酬二次分配

集团总部执行模拟年薪的人员,其绩效薪酬（包含月度绩效薪酬和年度综合绩效薪酬）实行全额二次分配,其中部室负责人及以上人员不参与二次分配。具体分配程序为:

（1）人力资源部依据各部室绩效考核结果,每月10日前核算各部室二次分配绩效薪酬总包,并通过集团办公网邮件反馈至各部室负责人。

（2）各部室在不超过绩效薪酬总包范围内,按照本部室绩效薪酬分配方案（需报人力资源部备案）进行二次分配,分配明细表（附件8）经部室负责人签字盖章后,于每月15日前送交人力资源部。

（3）人力资源部对各部室二次分配明细进行复核,确认金额无误后造表发放。

（二）加强绩效考核在评先评优、选人用人方面运用。对年度考核排名前三的部室在评优评先时增加名额,排名末位（后三位）的,进行"亮黄牌"警告,取消评先资格,对年度考核排名靠前的部室人员,在干部调整提拔上优先考虑,按照市场化选聘、契约化管理及任期制管理的要求,对连续两年排名后三位的,由组织部门和纪检督查部门对部室负责人进行诫勉谈话直至解除聘任。

五、相关要求

(一)机关绩效考核是深化国企改革的重要举措,各部室要提高认识,部室负责人作为本部室绩效考核的第一责任人,要高度重视,迅速行动,明确专人作为本部室绩效考核联系人,按照工作职责和集团公司相关规定,强化管理,严格履行各自职责,落实管理责任,充分发挥部室职能,确保各项工作落到实处。

(二)各部室于本办法下发后15个工作日内,按要求细化本单位考核指标,做到人人头上有指标、人人头上有考核,细化指标考核方案经分管领导签字确认后,报考核领导小组办公室备案。未及时细化考核指标或未按规定进行自行考核的部室,在季度绩效考核中一次性扣3分。

(三)绩效考核办公室要结合集团公司实际情况和各时期重点工作,组织机关各部室及时对考核内容进行修订完善,经绩效考核领导小组审批后执行。

(四)各部室对考核结果有异议的,有权向考核办公室了解情况。

六、强化督查结果公开公示

加强通报力度,设置督查结果展示平台,将督查结果公开公示,并且将其与部门考核和个人评优相挂钩,表现优异者可以在展示平台中展出。平台定期生成督办事项报送情况,列出逾期事项及逾期次数,对逾期次数较多的部门亮黄牌。对"13710"工作制度执行过程中出现的推诿扯皮、弄虚作假、效能低下等不作为、慢作为、乱作为行为,情节较轻的责令责任单位和责任人作出书面检查或对其进行督查约谈;情节较重或因失职失责造成重大损失、重大事故和恶劣影响的,由相关部门按照有关规定对责任单位和责任人严肃追责问责。

对政务督查工作落实迅速、措施得力、效果明显的执行单位予以通报表彰,对政务督查中发现政令不畅、谎报瞒报、弄虚作假的执行单位予以通报批评。对被通报批评后,仍不认真落实整改意见、拒不整改或工作不负责任、造成重大损失的,由各级纪委按有关规定约谈责任单位负责人,追究有关单位及其负责人的责任。对督查中发现涉嫌违纪违法线索的,要及时移交上级纪检督查组织依纪依法处理。对于列入年度目标考核范围的重要指标任务,要纳入政务督查重点工作考核,狠抓工作落实,使班子政绩更实、干部任用更准、职工认同更强。督查考核可以采取定性与定量、定期与不定期、自查与抽查相结合的方法进行。